保密法律法规知识学习手册

含保守国家秘密法及实施条例

中国法制出版社

编辑说明

2024年7月10日,国务院公布了新修订的《中华人民共和国保守国家秘密法实施条例》(以下简称《保守国家秘密法实施条例》),在坚持和加强党对保密工作的领导、定密管理、网络信息和数据保密管理、涉密人员管理、保密科学技术创新和防护等方面作了细化和规定。本书基于保守国家秘密法及其实施条例,结合其他相关的法律法规、部门规章,从中精选了一些保守国家秘密方面的法律法规知识整理成册,方便广大读者重点学习了解,旨在普及保密法律法规知识,增强生活中的保密防范意识。

由于编写水平有限,书中的疏漏和不足之处,敬请读者批评指正!

目　　录

一、国家秘密的范围和密级

1. 国家秘密的概念 …………… 3
2. 国家秘密的范围 …………… 3
3. 不得确定为国家秘密的事项 …… 4
4. 国家秘密的密级 …………… 5
5. 保密工作责任制 …………… 6
6. 保密事项范围的形式、内容 …… 7
7. 应当制定或者修订保密事项范围的情形 …………… 9
8. 保密事项范围起草单位 ………… 10

9. 依据保密事项范围目录定密应当遵循的要求 ·········· 11
10. 国家秘密事项一览表内容 ······· 12
11. 定密责任人具体职责 ······· 13
12. 应当调整定密责任人的情形 ····· 14
13. 定密权限 ··········· 15
14. 定密授权 ··········· 16
15. 派生定密的范围 ········ 18
16. 派生国家秘密的密级、保密期限、知悉范围 ············ 19
17. 保密要点 ··········· 20
18. 国家科学技术秘密保密要点 ····· 21
19. 国家秘密的保密期限 ········ 22
20. 国家秘密的保密期限计算 ······· 23
21. 国家秘密的知悉范围 ········ 23
22. 国家秘密标志形式 ········ 25
23. 国家秘密标志标注位置 ········ 26

24. 国家秘密变更的情形 ………… 27
25. 国家秘密解密的情形 ………… 28
26. 国家秘密保密期限届满前审核
程序 ……………………………… 30
27. 国家科学技术秘密提前解密的
情形 ……………………………… 31
28. 对符合《保守国家秘密法》规定
但保密事项范围没有规定的不明
确事项的处理 ………………… 33
29. 对已定密事项有不同意见的处理 … 34

二、保密制度

1. 国家秘密载体管理应当遵守的
规定 ……………………………… 39
2. 销毁国家秘密载体的要求 ………… 41

3. 绝密级国家秘密载体管理还应当遵守的规定 …………… 42
4. 国家秘密载体的管理的禁止性规定 ………………………… 43
5. 机关、单位对密品的管理 ………… 44
6. 涉密信息系统的密级 ………… 45
7. 涉密信息系统安全保密风险评估 …… 45
8. 信息系统的安全保护等级 ………… 47
9. 信息系统运营、使用单位对信息系统的保护 ……………… 48
10. 保密工作部门对涉密信息系统分级保护工作的监督管理 50
11. 信息系统、信息设备保密管理的禁止性规定 …………… 52
12. 在有线、无线通信中传递的国家秘密信息应当使用的密码 ……… 53
13. 网络运营者保密义务 …………… 54

14. 国家安全机关发现涉及间谍行为的网络信息内容应当采取的措施 …… 55
15. 开展数据处理活动应履行的数据安全保护义务 …………………… 57
16. 开展数据处理活动不履行数据安全保护义务应受到的处罚 ……… 59
17. 举办涉密会议、活动应当采取的保密措施 …………………… 60
18. 保密要害部门部位保密管理 …… 61
19. 对军事禁区的保护 …………… 62
20. 对军事管理区的保护 ………… 64
21. 从事涉密业务的企业事业单位应当符合的条件 …………………… 66
22. 国家秘密载体印制资质申请单位应当具备的基本条件 …………… 68
23. 国家秘密载体印制资质申请单位应当具备的保密条件 …………… 70

24. 涉密信息系统集成资质申请单位应当具备的基本条件 …………… 71

25. 涉密信息系统集成资质申请单位应当具备的保密条件 …………… 72

26. 取得保密资质的企业事业单位禁止行为 …………… 74

27. 涉密采购保密管理 …………… 75

28. 涉密人员管理和权益保护 …… 76

29. 在保密工作中应当给予表彰奖励的情形 …………… 78

30. 对拟任用、聘用到涉密岗位工作人员的保密审查 …………… 79

31. 涉密人员的保密义务 …… 80

32. 国家科学技术涉密人员应当遵守的保密要求 …………… 81

33. 涉密人员教育培训和出境管理 … 82

34. 涉密人员脱密期管理 …………… 83

35. 国家秘密泄露补救措施和及时报告义务 ………………………… 85

三、监督管理

1. 保密检查和案件调查处理 ………… 89
2. 保密行政管理部门的保密检查内容 ……………………………… 90
3. 保密检查和案件调查处理中可以采取的措施 …………………… 91
4. 对涉嫌保密违法的线索和案件调查处理 ………………………… 92
5. 密级鉴定 ……………………………… 93
6. 申请国家秘密鉴定应当提交的材料 ……………………………… 94
7. 国家秘密鉴定书的内容 …………… 95
8. 国家秘密鉴定周期 ………………… 96

四、法律责任

1. 机关、单位违反保密法律法规发生泄密案件应受到处分的情形 …… 99
2. 公职人员泄密应受到的政务处分 … 101
3. 定密责任人和承办人应受到处分的情形 …………………………… 101
4. 对逃避、妨碍保密检查或者保密违法案件调查处理的处分 ……… 102
5. 网络运营者因违反保密法律法规受到处罚的情形 ………… 103
6. 研制生产单位因安全保密产品不符合标准受到处罚的情形 ……… 104
7. 从事涉密业务的企业事业单位应受到处罚的情形 …………… 105

8. 掌握国家秘密的国家工作人员叛逃境外或者在境外叛逃需要承担的刑事责任 …………… 108

9. 为境外窃取、刺探、收买、非法提供国家秘密或者情报需要承担的刑事责任 ………………… 109

10. 非法获取国家秘密或者非法持有国家绝密、机密文件、资料、物品需要承担的刑事责任 ……… 110

11. 泄露与国家情报工作有关的国家秘密需要承担的法律责任 ……… 111

12. 故意或者过失泄露国家秘密需要承担的刑事责任 …………………… 111

13. 非法获取军事秘密需要承担的刑事责任 …………………………… 112

14. 故意或者过失泄露军事秘密需要承担的刑事责任 …………………… 113

附　录

中华人民共和国保守国家秘密法 …… 114

　（2024 年 2 月 27 日）

中华人民共和国保守国家秘密法
　实施条例 ………………………… 146

　（2024 年 7 月 10 日）

国家秘密的范围和密级

1. 国家秘密的概念

国家秘密是关系国家安全和利益,依照法定程序确定,在一定时间内只限一定范围的人员知悉的事项。

2. 国家秘密的范围

《中华人民共和国保守国家秘密法》(以下简称《保守国家秘密法》)第十三条规定,下列涉及国家安全和利益的事项,泄露后可能损害国家在政治、经济、国防、外交等领域的安全和利益的,应当确定为国家秘密:

(1) 国家事务重大决策中的秘密事项;

（2）国防建设和武装力量活动中的秘密事项；

（3）外交和外事活动中的秘密事项以及对外承担保密义务的秘密事项；

（4）国民经济和社会发展中的秘密事项；

（5）科学技术中的秘密事项；

（6）维护国家安全活动和追查刑事犯罪中的秘密事项；

（7）经国家保密行政管理部门确定的其他秘密事项。

政党的秘密事项中符合前款规定的，属于国家秘密。

3 不得确定为国家秘密的事项

《国家秘密定密管理暂行规定》第十

九条规定,下列事项不得确定为国家秘密:

(1)需要社会公众广泛知晓或者参与的;

(2)属于工作秘密、商业秘密、个人隐私的;

(3)已经依法公开或者无法控制知悉范围的;

(4)法律、法规或者国家有关规定要求公开的。

4 国家秘密的密级

《保守国家秘密法》第十四条规定,国家秘密的密级分为绝密、机密、秘密三级。

绝密级国家秘密是最重要的国家秘

密，泄露会使国家安全和利益遭受特别严重的损害；机密级国家秘密是重要的国家秘密，泄露会使国家安全和利益遭受严重的损害；秘密级国家秘密是一般的国家秘密，泄露会使国家安全和利益遭受损害。

5 保密工作责任制

《保守国家秘密法实施条例》第六条规定，机关、单位实行保密工作责任制，承担本机关、本单位保密工作主体责任。机关、单位主要负责人对本机关、本单位的保密工作负总责，分管保密工作的负责人和分管业务工作的负责人在职责范围内对保密工作负领导责任，工作人员对本岗位的保密工作负直接责任。

机关、单位应当加强保密工作力量建

设，中央国家机关应当设立保密工作机构，配备专职保密干部，其他机关、单位应当根据保密工作需要设立保密工作机构或者指定人员专门负责保密工作。

机关、单位及其工作人员履行保密工作责任制情况应当纳入年度考评和考核内容。

⑥ 保密事项范围的形式、内容

根据《保密事项范围制定、修订和使用办法》第六条至第十条的规定，保密事项范围名称为"××工作国家秘密范围的规定"，包括正文和目录。

正文应当以条款形式规定保密事项范围的制定依据，本行业、本领域国家秘密的基本范围，与其他保密事项范围的关系，解释机关和施行日期等内容。

目录作为规定的附件，名称为"××工作国家秘密目录"，应当以表格形式列明国家秘密具体事项及其密级、保密期限（解密时间或者解密条件）、产生层级、知悉范围等内容。

目录规定的国家秘密事项的密级应当为确定的密级。除解密时间和解密条件外，目录规定的保密期限应当为最长保密期限。国家秘密事项的产生层级能够明确的，知悉范围能够限定到机关、单位或者具体岗位的，目录应当作出列举。

对专业性强、弹性较大的条目或者名词，目录应当以备注形式作出说明。

保密事项范围内容属于国家秘密的，应当根据保密法有关规定确定密级和保密期限。

未经保密事项范围制定机关同意，机关、单位不得擅自公开或者对外提供保密事项范围。

应当制定或者修订保密事项范围的情形

《保密事项范围制定、修订和使用办法》第十一条规定，有下列情形的，中央有关机关应当与国家保密行政管理部门会商，组织制定或者修订保密事项范围：

（1）主管行业、领域经常产生国家秘密、尚未制定保密事项范围的；

（2）保密事项范围内容已不适应实际工作需要的；

（3）保密事项范围内容与法律法规规定不相符合的；

（4）因机构改革或者调整，影响保密事项范围适用的；

（5）其他应当制定或者修订的情形。

其他机关、单位认为有上述情形，需要制定、修订保密事项范围的，可以向国家保密行政管理部门或者中央有关机关提出建议。

8 保密事项范围起草单位

《保密事项范围制定、修订和使用办法》第十二条规定，保密事项范围由主管相关行业、领域工作的中央有关机关负责起草；涉及多个部门或者行业、领域的，由承担主要职能的中央有关机关牵头负责起草；不得委托社会中介机构及其他社会组织或者个人起草。

国家保密行政管理部门、中央有关机关应当定期对起草工作进行研究会商。

9 依据保密事项范围目录定密应当遵循的要求

《保密事项范围制定、修订和使用办法》第二十条规定，机关、单位依据保密事项范围目录定密，应当遵循下列要求：

（1）密级应当严格按照目录的规定确定，不得高于或者低于规定的密级；

（2）保密期限应当在目录规定的最长保密期限内合理确定，不得超出最长保密期限；目录明确规定解密条件或解密时间的，从其规定；

（3）知悉范围应当依据目录的规定，根据工作需要限定到具体人员；不能限定到具体人员的，应当限定到具体单位、部门或者岗位。

10 国家秘密事项一览表内容

《保密事项范围制定、修订和使用办法》第二十一条规定，机关、单位可以依据本行业、本领域和相关行业、领域保密事项范围目录，整理制定国家秘密事项一览表（细目），详细列举本机关、本单位产生的国家秘密事项的具体内容、密级、保密期限（解密条件或者解密时间）、产生部门或者岗位、知悉人员以及载体形式等。

国家秘密事项一览表（细目），应当经本机关、本单位审定后实施，并报同级保密行政管理部门备案。

11 定密责任人具体职责

机关、单位主要负责人及其指定的人员为定密责任人,负责本机关、本单位的国家秘密确定、变更和解除工作。

《保守国家秘密法实施条例》第十五条规定,定密责任人在职责范围内承担国家秘密确定、变更和解除工作,指导、监督职责范围内的定密工作。具体职责是:

(1) 审核批准承办人拟定的国家秘密的密级、保密期限和知悉范围;

(2) 对本机关、本单位确定的尚在保密期限内的国家秘密进行审核,作出是否变更或者解除的决定;

(3) 参与制定修订本机关、本单位国家秘密事项一览表;

（4）对是否属于国家秘密和属于何种密级不明确的事项先行拟定密级、保密期限和知悉范围，并按照规定的程序报保密行政管理部门确定。

12 应当调整定密责任人的情形

《国家秘密定密管理暂行规定》第十七条规定，机关、单位负责人发现其指定的定密责任人未依法履行定密职责的，应当及时纠正；有下列情形之一的，应当作出调整：

（1）定密不当，情节严重的；

（2）因离岗离职无法继续履行定密职责的；

（3）保密行政管理部门建议调整的；

（4）因其他原因不宜从事定密工作的。

13 定密权限

《保守国家秘密法》第十七条规定，确定国家秘密的密级，应当遵守定密权限。

中央国家机关、省级机关及其授权的机关、单位可以确定绝密级、机密级和秘密级国家秘密；设区的市级机关及其授权的机关、单位可以确定机密级和秘密级国家秘密；特殊情况下无法按照上述规定授权定密的，国家保密行政管理部门或者省、自治区、直辖市保密行政管理部门可以授予机关、单位定密权限。具体的定密权限、授权范围由国家保密行政管理部门规定。

下级机关、单位认为本机关、本单位

产生的有关定密事项属于上级机关、单位的定密权限，应当先行采取保密措施，并立即报请上级机关、单位确定；没有上级机关、单位的，应当立即提请有相应定密权限的业务主管部门或者保密行政管理部门确定。

公安机关、国家安全机关在其工作范围内按照规定的权限确定国家秘密的密级。

14 定密授权

《保守国家秘密法实施条例》第十六条规定，中央国家机关、省级机关以及设区的市级机关可以根据保密工作需要或者有关机关、单位申请，在国家保密行政管理部门规定的定密权限、授权范围内作出定密授权。

无法按照前款规定授权的,省级以上保密行政管理部门可以根据保密工作需要或者有关机关、单位申请,作出定密授权。

定密授权应当以书面形式作出。授权机关应当对被授权机关、单位履行定密授权的情况进行监督。被授权机关、单位不得再授权。

中央国家机关、省级机关和省、自治区、直辖市保密行政管理部门作出的定密授权,报国家保密行政管理部门备案;设区的市级机关作出的定密授权,报省、自治区、直辖市保密行政管理部门备案。

15 派生定密的范围

派生国家秘密定密,是指机关、单位对执行或者办理已定密事项所产生的国家秘密,依法确定、变更和解除的活动。

《保守国家秘密法实施条例》第十八条规定,机关、单位执行上级确定的国家秘密事项或者办理其他机关、单位确定的国家秘密事项,有下列情形之一的,应当根据所执行、办理的国家秘密事项的密级、保密期限和知悉范围派生定密:

(1) 与已确定的国家秘密事项完全一致的;

(2) 涉及已确定的国家秘密事项密点的;

(3) 对已确定的国家秘密事项进行

概括总结、编辑整合、具体细化的；

（4）原定密机关、单位对使用已确定的国家秘密事项有明确定密要求的。

16 派生国家秘密的密级、保密期限、知悉范围

《派生国家秘密定密管理暂行办法》第八条规定，派生国家秘密的密级应当与已定密事项密级保持一致。已定密事项明确密点及其密级的，应当与所涉及密点的最高密级保持一致。

第九条规定，派生国家秘密的保密期限应当按照已定密事项的保密期限确定，或者与所涉及密点的最长保密期限保持一致。已定密事项未明确保密期限的，可以征求原定密机关、单位意见后确定并作出

标注，或者按照保密法规定的最长保密期限执行。

第十条规定，派生国家秘密的知悉范围，应当根据工作需要确定，经本机关、本单位负责人批准。能够限定到具体人员的，限定到具体人员。

原定密机关、单位有明确规定的，应当遵守其规定。

17 保密要点

《保守国家秘密法》第十九条规定，机关、单位对所产生的国家秘密事项，应当按照保密事项范围的规定确定密级，同时确定保密期限和知悉范围；有条件的可以标注密点。

根据《派生国家秘密定密管理暂行办

法》第四条的规定，保密要点（简称密点）是指决定一个事项具备国家秘密本质属性的关键内容，可以与非国家秘密以及其他密点明确区分。

18 国家科学技术秘密保密要点

《科学技术保密规定》第十九条规定，国家科学技术秘密保密要点是指必须确保安全的核心事项或者信息，主要涉及以下内容：

（1）不宜公开的国家科学技术发展战略、方针、政策、专项计划；

（2）涉密项目研制目标、路线和过程；

（3）敏感领域资源、物种、物品、数据和信息；

(4) 关键技术诀窍、参数和工艺；

(5) 科学技术成果涉密应用方向；

(6) 其他泄露后会损害国家安全和利益的核心信息。

19 国家秘密的保密期限

《保守国家秘密法》第二十条规定，国家秘密的保密期限，应当根据事项的性质和特点，按照维护国家安全和利益的需要，限定在必要的期限内；不能确定期限的，应当确定解密的条件。

国家秘密的保密期限，除另有规定外，绝密级不超过三十年，机密级不超过二十年，秘密级不超过十年。

机关、单位应当根据工作需要，确定具体的保密期限、解密时间或者解密条件。

机关、单位对在决定和处理有关事项工作过程中确定需要保密的事项,根据工作需要决定公开的,正式公布时即视为解密。

20 国家秘密的保密期限计算

《保守国家秘密法实施条例》第十九条第二款规定,国家秘密的保密期限,自标明的制发日起计算;不能标明制发日的,确定该国家秘密的机关、单位应当书面通知知悉范围内的机关、单位和人员,保密期限自通知之日起计算。

21 国家秘密的知悉范围

《保守国家秘密法》第二十一条规

定，国家秘密的知悉范围，应当根据工作需要限定在最小范围。

国家秘密的知悉范围能够限定到具体人员的，限定到具体人员；不能限定到具体人员的，限定到机关、单位，由该机关、单位限定到具体人员。

国家秘密的知悉范围以外的人员，因工作需要知悉国家秘密的，应当经过机关、单位主要负责人或者其指定的人员批准。原定密机关、单位对扩大国家秘密的知悉范围有明确规定的，应当遵守其规定。

《国家秘密定密管理暂行规定》第二十三条规定，国家秘密的知悉范围应当在国家秘密载体上标明。不能标明的，应当书面通知知悉范围内的机关、单位或者人员。

22 国家秘密标志形式

《保守国家秘密法》第二十二条规定，机关、单位对承载国家秘密的纸介质、光介质、电磁介质等载体（以下简称国家秘密载体）以及属于国家秘密的设备、产品，应当作出国家秘密标志。

涉及国家秘密的电子文件应当按照国家有关规定作出国家秘密标志。

不属于国家秘密的，不得作出国家秘密标志。

根据《国家秘密定密管理暂行规定》第二十四条第一款的规定，国家秘密一经确定，应当同时在国家秘密载体上作出国家秘密标志。国家秘密标志形式为"密级★保密期限"、"密级★解密时间"或者

"密级★解密条件"。

23 国家秘密标志标注位置

《国家秘密定密管理暂行规定》第二十四条第二款、第三款规定，在纸介质和电子文件国家秘密载体上作出国家秘密标志的，应当符合有关国家标准。没有国家标准的，应当标注在封面左上角或者标题下方的显著位置。光介质、电磁介质等国家秘密载体和属于国家秘密的设备、产品的国家秘密标志，应当标注在壳体及封面、外包装的显著位置。

国家秘密标志应当与载体不可分离，明显并易于识别。

24 国家秘密变更的情形

《保守国家秘密法》第二十三条规定,国家秘密的密级、保密期限和知悉范围,应当根据情况变化及时变更。国家秘密的密级、保密期限和知悉范围的变更,由原定密机关、单位决定,也可以由其上级机关决定。

国家秘密的密级、保密期限和知悉范围变更的,应当及时书面通知知悉范围内的机关、单位或者人员。

《国家秘密定密管理暂行规定》第二十六条规定,有下列情形之一的,机关、单位应当对所确定国家秘密事项的密级、保密期限或者知悉范围及时作出变更:

(1) 定密时所依据的法律法规或者

保密事项范围发生变化的；

（2）泄露后对国家安全和利益的损害程度发生明显变化的。

必要时，上级机关、单位或者业务主管部门可以直接变更下级机关、单位确定的国家秘密事项的密级、保密期限或者知悉范围。

25 国家秘密解密的情形

《国家秘密解密暂行办法》第十一条规定，明确标注保密期限、解密时间或者解密条件的国家秘密，保密期限已满、解密时间已到或者符合解密条件，且未延长保密期限的，自行解密；解密时间为保密期限届满、解密时间到达或者解密条件达成之时。未明确标注保密期限、解密时间或者解密条件,且未就保密期限作出书面通知的,保密期限按照绝密级三十年、机密级二十年、秘密级十年执行。国家另有规定的,从其规定。

第十二条规定,国家秘密的保密期限尚未届满、解密时间尚未到达或者解密条件尚未达成,经审核认为符合下列情形之一的,应当及时解密:

(1) 保密法律法规或者保密事项范围调整后,有关事项不再属于国家秘密的;

(2) 定密时的形势、条件发生变化,有关事项公开后不会损害国家安全和利益、不需要继续保密的;或者根据现行法律、法规和国家有关规定,有关事项应予公开、需要社会公众广泛知晓或者参与的。

符合上述情形国家秘密的解密时间为

该事项公开之日或者解密通知注明之日。

第十三条规定，机关、单位因执行或者办理已定密事项而产生的国家秘密，所执行或者办理的国家秘密解密的，由此产生的国家秘密应当解密。

26 国家秘密保密期限届满前审核程序

《国家秘密解密暂行办法》第十七条规定，国家秘密保密期限届满前，原定密机关、单位应当依法对其进行审核，并履行下列程序：

（1）拟办。承办人依据本办法第十二条、第十三条规定，对某一具体的国家秘密是否解密、何时解密、全部解密或者部分解密、解密后是否作为工作秘密、能否公开等提出意见，作出书面记录，报定密责任人审核。

（2）审定。定密责任人对承办人意见进行审核，作出决定，签署具体意见。机关、单位可以根据工作需要，在定密责任人审核之前增设其他审核把关、论证评估程序。

（3）通知。定密责任人作出解密决定后，机关、单位应当书面通知知悉范围内的机关、单位或者人员，对是否解密，以及解密后作为工作秘密或者予以公开等情况作出说明。解密通知可以单独发布或者以目录形式集中发布。

审核记录应当归档备查。

27 国家科学技术秘密提前解密的情形

《科学技术保密规定》第二十一条规

定，国家科学技术秘密的具体保密期限已满、解密时间已到或者符合解密条件的，自行解密。出现下列情形之一时，应当提前解密：

（1）已经扩散且无法采取补救措施的；

（2）法律法规或者国家科学技术保密事项范围调整后，不再属于国家科学技术秘密的；

（3）公开后不会损害国家安全和利益的。

提前解密由原定密机关、单位决定，也可由其上级机关、单位决定。

28 对符合《保守国家秘密法》规定但保密事项范围没有规定的不明确事项的处理

《保守国家秘密法实施条例》第二十五条规定，机关、单位对符合保密法的规定，但保密事项范围没有规定的不明确事项，应当先行拟定密级、保密期限和知悉范围，采取相应的保密措施，并自拟定之日起10个工作日内报有关部门确定。拟定为绝密级的事项和中央国家机关拟定的机密级、秘密级的事项，报国家保密行政管理部门确定；其他机关、单位拟定的机密级、秘密级的事项，报省、自治区、直辖市保密行政管理部门确定。

保密行政管理部门接到报告后，应当

在10个工作日内作出决定。省、自治区、直辖市保密行政管理部门还应当将所作决定及时报国家保密行政管理部门备案。

29 对已定密事项有不同意见的处理

《保守国家秘密法实施条例》第二十六条规定，机关、单位对已确定的国家秘密事项是否属于国家秘密或者属于何种密级有不同意见的，可以向原定密机关、单位提出异议，由原定密机关、单位作出决定。

机关、单位对原定密机关、单位未予处理或者对作出的决定仍有异议的，按照下列规定办理：

（1）确定为绝密级的事项和中央国家机关确定的机密级、秘密级的事项，报国家保密行政管理部门确定；

（2）其他机关、单位确定的机密级、秘密级的事项，报省、自治区、直辖市保密行政管理部门确定；对省、自治区、直辖市保密行政管理部门作出的决定有异议的，可以报国家保密行政管理部门确定。

在原定密机关、单位或者保密行政管理部门作出决定前，对有关事项应当按照主张密级中的最高密级采取相应的保密措施。

二

保密制度

1 国家秘密载体管理应当遵守的规定

《保守国家秘密法实施条例》第二十七条规定，国家秘密载体管理应当遵守下列规定：

（1）制作国家秘密载体，应当由本机关、本单位或者取得国家秘密载体制作、复制资质的单位承担，制作场所、设备应当符合国家保密规定；

（2）收发国家秘密载体，应当履行清点、编号、登记、签收手续；

（3）传递国家秘密载体，应当通过机要交通、机要通信或者其他符合国家保密规定的方式进行；

（4）阅读、使用国家秘密载体，应当在符合国家保密规定的场所进行；

（5）复制国家秘密载体或者摘录、引用、汇编属于国家秘密的内容,应当按照规定报批,不得擅自改变原件的密级、保密期限和知悉范围,复制件应当加盖复制机关、单位戳记,并视同原件进行管理;

（6）保存国家秘密载体的场所、设施、设备,应当符合国家保密规定;

（7）维修国家秘密载体,应当由本机关、本单位专门技术人员负责。确需外单位人员维修的,应当由本机关、本单位的人员现场监督。确需在本机关、本单位以外维修的,应当符合国家保密规定;

（8）携带国家秘密载体外出,应当符合国家保密规定,并采取可靠的保密措施。携带国家秘密载体出境,应当按照国家保密规定办理审批手续;

(9)清退国家秘密载体,应当按照制发机关、单位要求办理。

❷ 销毁国家秘密载体的要求

《保守国家秘密法实施条例》第二十八条规定,销毁国家秘密载体,应当符合国家保密规定和标准,确保销毁的国家秘密信息无法还原。

销毁国家秘密载体,应当履行清点、登记、审批手续,并送交保密行政管理部门设立的工作机构或者指定的单位销毁。机关、单位因工作需要,自行销毁少量国家秘密载体的,应当使用符合国家保密标准的销毁设备和方法。

3 绝密级国家秘密载体管理还应当遵守的规定

《保守国家秘密法实施条例》第二十九条规定，绝密级国家秘密载体管理还应当遵守下列规定：

（1）收发绝密级国家秘密载体，应当指定专人负责；

（2）传递、携带绝密级国家秘密载体，应当两人以上同行，所用包装应当符合国家保密规定；

（3）阅读、使用绝密级国家秘密载体，应当在符合国家保密规定的指定场所进行；

（4）禁止复制、下载、汇编、摘抄绝密级文件信息资料，确有工作需要的，应当征得原定密机关、单位或者其上级机关同意；

（5）禁止将绝密级国家秘密载体携带出境，国家另有规定的从其规定。

❹ 国家秘密载体的管理的禁止性规定

《保守国家秘密法》第二十八条规定，机关、单位应当加强对国家秘密载体的管理，任何组织和个人不得有下列行为：

（1）非法获取、持有国家秘密载体；

（2）买卖、转送或者私自销毁国家秘密载体；

（3）通过普通邮政、快递等无保密措施的渠道传递国家秘密载体；

（4）寄递、托运国家秘密载体出境；

（5）未经有关主管部门批准，携带、传递国家秘密载体出境；

（6）其他违反国家秘密载体保密规定的行为。

5 机关、单位对密品的管理

《保守国家秘密法实施条例》第三十条规定，机关、单位应当依法对密品的研制、生产、试验、运输、使用、保存、维修、销毁等进行管理。

机关、单位应当及时确定密品的密级和保密期限，严格控制密品的接触范围，对放置密品的场所、部位采取安全保密防范措施。

绝密级密品的研制、生产、维修应当在符合国家保密规定的封闭场所进行，并设置专门放置、保存场所。

密品的零件、部件、组件等物品,涉及国家秘密的,按照国家保密规定管理。

❻ 涉密信息系统的密级

《保守国家秘密法实施条例》第三十二条规定,涉密信息系统按照涉密程度分为绝密级、机密级、秘密级。机关、单位应当根据涉密信息系统存储、处理信息的最高密级确定保护等级,按照分级保护要求采取相应的安全保密防护措施。

❼ 涉密信息系统安全保密风险评估

《保守国家秘密法实施条例》第三十五条规定,机关、单位应当按照国家保密规定,对绝密级信息系统每年至少开展一次安全保密风险评估,对机密级及以下信息系统每两年至少开展一次安全保密风险评估。机关、单位涉密信息系统的密级、使用范围和使用环境等发生变化可能产生新的安全保密风险隐患的,应当按照国家保密规定和标准采取相应防护措施,并开展安全保密风险评估。

涉密信息系统中使用的信息设备应当安全可靠,以无线方式接入涉密信息系统的,应当符合国家保密和密码管理规定、标准。

涉密信息系统不再使用的,应当按照国家保密规定和标准对相关保密设施、设备进行处理,并及时向相关保密行政管理部门备案。

8 信息系统的安全保护等级

《信息安全等级保护管理办法》第七条规定，信息系统的安全保护等级分为以下五级：

第一级，信息系统受到破坏后，会对公民、法人和其他组织的合法权益造成损害，但不损害国家安全、社会秩序和公共利益。

第二级，信息系统受到破坏后，会对公民、法人和其他组织的合法权益产生严重损害，或者对社会秩序和公共利益造成损害，但不损害国家安全。

第三级，信息系统受到破坏后，会对社会秩序和公共利益造成严重损害，或者对国家安全造成损害。

第四级，信息系统受到破坏后，会对社会秩序和公共利益造成特别严重损害，或者对国家安全造成严重损害。

第五级，信息系统受到破坏后，会对国家安全造成特别严重损害。

⑨ 信息系统运营、使用单位对信息系统的保护

《信息安全等级保护管理办法》第八条规定，信息系统运营、使用单位依据本办法和相关技术标准对信息系统进行保护，国家有关信息安全监管部门对其信息安全等级保护工作进行监督管理。

第一级信息系统运营、使用单位应当依据国家有关管理规范和技术标准进行保护。

第二级信息系统运营、使用单位应当依据国家有关管理规范和技术标准进行保护。国家信息安全监管部门对该级信息系统信息安全等级保护工作进行指导。

第三级信息系统运营、使用单位应当依据国家有关管理规范和技术标准进行保护。国家信息安全监管部门对该级信息系统信息安全等级保护工作进行监督、检查。

第四级信息系统运营、使用单位应当依据国家有关管理规范、技术标准和业务专门需求进行保护。国家信息安全监管部门对该级信息系统信息安全等级保护工作进行强制监督、检查。

第五级信息系统运营、使用单位应当依据国家管理规范、技术标准和业务特殊安全需求进行保护。国家指定专门部门对该级信息系统信息安全等级保护工作进行专门监督、检查。

10 保密工作部门对涉密信息系统分级保护工作的监督管理

《信息安全等级保护管理办法》第三十三条规定，国家和地方各级保密工作部门依法对各地区、各部门涉密信息系统分级保护工作实施监督管理，并做好以下工作：

（1）指导、监督和检查分级保护工作的开展；

（2）指导涉密信息系统建设使用单位规范信息定密，合理确定系统保护等级；

（3）参与涉密信息系统分级保护方

案论证，指导建设使用单位做好保密设施的同步规划设计；

（4）依法对涉密信息系统集成资质单位进行监督管理；

（5）严格进行系统测评和审批工作，监督检查涉密信息系统建设使用单位分级保护管理制度和技术措施的落实情况；

（6）加强涉密信息系统运行中的保密监督检查。对秘密级、机密级信息系统每两年至少进行一次保密检查或者系统测评，对绝密级信息系统每年至少进行一次保密检查或者系统测评；

（7）了解掌握各级各类涉密信息系统的管理使用情况，及时发现和查处各种违规违法行为和泄密事件。

11 信息系统、信息设备保密管理的禁止性规定

《保守国家秘密法》第三十一条规定，机关、单位应当加强对信息系统、信息设备的保密管理，建设保密自监管设施，及时发现并处置安全保密风险隐患。任何组织和个人不得有下列行为：

（1）未按照国家保密规定和标准采取有效保密措施，将涉密信息系统、涉密信息设备接入互联网及其他公共信息网络；

（2）未按照国家保密规定和标准采取有效保密措施，在涉密信息系统、涉密信息设备与互联网及其他公共信息网络之间进行信息交换；

（3）使用非涉密信息系统、非涉密信息设备存储或者处理国家秘密；

（4）擅自卸载、修改涉密信息系统的安全技术程序、管理程序；

（5）将未经安全技术处理的退出使用的涉密信息设备赠送、出售、丢弃或者改作其他用途；

（6）其他违反信息系统、信息设备保密规定的行为。

12 在有线、无线通信中传递的国家秘密信息应当使用的密码

国家对密码实行分类管理。密码分为核心密码、普通密码和商用密码。

《中华人民共和国密码法》第十四条规定，在有线、无线通信中传递的国家秘

密信息，以及存储、处理国家秘密信息的信息系统，应当依照法律、行政法规和国家有关规定使用核心密码、普通密码进行加密保护、安全认证。

第七条规定，核心密码、普通密码用于保护国家秘密信息，核心密码保护信息的最高密级为绝密级，普通密码保护信息的最高密级为机密级。

核心密码、普通密码属于国家秘密。密码管理部门依照本法和有关法律、行政法规、国家有关规定对核心密码、普通密码实行严格统一管理。

13 网络运营者保密义务

《保守国家秘密法》第三十四条规定，网络运营者应当加强对其用户发布的信息的管理，配合监察机关、保密行政管理部门、公安机关、国家安全机关对涉嫌泄露国家秘密案件进行调查处理；发现利用互联网及其他公共信息网络发布的信息涉嫌泄露国家秘密的，应当立即停止传输该信息，保存有关记录，向保密行政管理部门或者公安机关、国家安全机关报告；应当根据保密行政管理部门或者公安机关、国家安全机关的要求，删除涉及泄露国家秘密的信息，并对有关设备进行技术处理。

14 国家安全机关发现涉及间谍行为的网络信息内容应当采取的措施

《中华人民共和国反间谍法》第三十六条规定，国家安全机关发现涉及间谍行为的网络信息内容或者网络攻击等风险,应当依照《中华人民共和国网络安全法》规定的职责分工,及时通报有关部门,由其依法处置或者责令电信业务经营者、互联网服务提供者及时采取修复漏洞、加固网络防护、停止传输、消除程序和内容、暂停相关服务、下架相关应用、关闭相关网站等措施,保存相关记录。情况紧急,不立即采取措施将对国家安全造成严重危害的,由国家安全机关责令有关单位修复漏洞、停止相关传输、暂停相关服务,并通报有关部门。

经采取相关措施,上述信息内容或者风险已经消除的,国家安全机关和有关部门应当及时作出恢复相关传输和服务的决定。

15 开展数据处理活动应履行的数据安全保护义务

《中华人民共和国数据安全法》（以下简称《数据安全法》）第二十七条规定，开展数据处理活动应当依照法律、法规的规定，建立健全全流程数据安全管理制度，组织开展数据安全教育培训，采取相应的技术措施和其他必要措施，保障数据安全。利用互联网等信息网络开展数据处理活动，应当在网络安全等级保护制度的基础上，履行上述数据安全保护义务。

重要数据的处理者应当明确数据安全负责人和管理机构，落实数据安全保护责任。

第二十九条规定，开展数据处理活动

应当加强风险监测,发现数据安全缺陷、漏洞等风险时,应当立即采取补救措施;发生数据安全事件时,应当立即采取处置措施,按照规定及时告知用户并向有关主管部门报告。

第三十条规定,重要数据的处理者应当按照规定对其数据处理活动定期开展风险评估,并向有关主管部门报送风险评估报告。

风险评估报告应当包括处理的重要数据的种类、数量,开展数据处理活动的情况,面临的数据安全风险及其应对措施等。

16 开展数据处理活动不履行数据安全保护义务应受到的处罚

《数据安全法》第四十五条规定，开展数据处理活动的组织、个人不履行本法第二十七条、第二十九条、第三十条规定的数据安全保护义务的，由有关主管部门责令改正，给予警告，可以并处五万元以上五十万元以下罚款，对直接负责的主管人员和其他直接责任人员可以处一万元以上十万元以下罚款；拒不改正或者造成大量数据泄露等严重后果的，处五十万元以上二百万元以下罚款，并可以责令暂停相关业务、停业整顿、吊销相关业务许可证或者吊销营业执照，对直接负责的主管人员和其他直接责任人员处五万元以上二十万元以下罚款。

违反国家核心数据管理制度,危害国家主权、安全和发展利益的,由有关主管部门处二百万元以上一千万元以下罚款,并根据情况责令暂停相关业务、停业整顿、吊销相关业务许可证或者吊销营业执照;构成犯罪的,依法追究刑事责任。

17 举办涉密会议、活动应当采取的保密措施

《保守国家秘密法实施条例》第四十五条规定,举办会议或者其他活动涉及国家秘密的,主办单位应当采取下列保密措施,承办、参加单位和人员应当配合:

(1)根据会议、活动的内容确定密级,制定保密方案,限定参加人员和工作

人员范围；

（2）使用符合国家保密规定和标准的场所、设施、设备，采取必要保密技术防护等措施；

（3）按照国家保密规定管理国家秘密载体；

（4）对参加人员和工作人员进行身份核实和保密教育，提出具体保密要求；

（5）保密法律法规和国家保密规定要求的其他措施。

通过电视、电话、网络等方式举办会议或者其他活动涉及国家秘密的，还应当符合国家有关保密标准。

18 保密要害部门部位保密管理

《保守国家秘密法》第三十九条规

定，机关、单位应当将涉及绝密级或者较多机密级、秘密级国家秘密的机构确定为保密要害部门，将集中制作、存放、保管国家秘密载体的专门场所确定为保密要害部位，按照国家保密规定和标准配备、使用必要的技术防护设施、设备。

19 对军事禁区的保护

军事禁区，是指设有重要军事设施或者军事设施安全保密要求高、具有重大危险因素，需要国家采取特殊措施加以重点保护，依照法定程序和标准划定的军事区域。

根据《中华人民共和国军事设施保护法》（以下简称《军事设施保护法》）第十六条至第十八条的规定，军事禁区管理单位应当根据具体条件,按照划定的范围,为陆地军事禁区修筑围墙、设置铁丝网等障碍物,为水域军事禁区设置障碍物或者界线标志。

水域军事禁区的范围难以在实际水域设置障碍物或者界线标志的,有关海事管理机构应当向社会公告水域军事禁区的位置和边界。海域的军事禁区应当在海图上标明。

禁止陆地、水域军事禁区管理单位以外的人员、车辆、船舶等进入军事禁区,禁止航空器在陆地、水域军事禁区上空进行低空飞行,禁止对军事禁区进行摄影、摄像、录音、勘察、测量、定位、描绘和记述。但是,经有关军事机关批准的除外。

禁止航空器进入空中军事禁区,但依照国家有关规定获得批准的除外。

使用军事禁区的摄影、摄像、录音、勘察、测量、定位、描绘和记述资料，应当经有关军事机关批准。

在陆地军事禁区内，禁止建造、设置非军事设施，禁止开发利用地下空间。但是，经战区级以上军事机关批准的除外。

在水域军事禁区内，禁止建造、设置非军事设施，禁止从事水产养殖、捕捞以及其他妨碍军用舰船行动、危害军事设施安全和使用效能的活动。

20 对军事管理区的保护

军事管理区，是指设有较重要军事设施或者军事设施安全保密要求较高、具有较大危险因素，需要国家采取特殊措施加以保护，依照法定程序和标准划定的军事区域。

根据《军事设施保护法》第二十一条至第二十四条的规定,军事管理区管理单位应当根据具体条件,按照划定的范围,为军事管理区修筑围墙、设置铁丝网或者界线标志。

军事管理区管理单位以外的人员、车辆、船舶等进入军事管理区,或者对军事管理区进行摄影、摄像、录音、勘察、测量、定位、描绘和记述,必须经军事管理区管理单位批准。

在陆地军事管理区内,禁止建造、设置非军事设施,禁止开发利用地下空间。但是,经军级以上军事机关批准的除外。

在水域军事管理区内,禁止从事水产养殖;未经军级以上军事机关批准,不得建造、设置非军事设施;从事捕捞或者其他活动，不得影响军用舰船的战备、训练、执勤等行动。

划为军事管理区的军民合用港口的水域，实行军地分区管理；在地方管理的水域内需要新建非军事设施的，必须事先征得军事设施管理单位的同意。

划为军事管理区的军民合用机场、港口、码头的管理办法，由国务院和中央军事委员会规定。

21 从事涉密业务的企业事业单位应当符合的条件

《保守国家秘密法实施条例》第四十七条规定，从事涉及国家秘密业务（以下简称涉密业务）的企业事业单位应当符合下列条件：

（1）在中华人民共和国境内依法成立一年以上的法人，国家另有规定的从其规定；

（2）无犯罪记录，近一年内未发生泄密案件；

（3）从事涉密业务的人员具有中华人民共和国国籍，国家另有规定的从其规定；

（4）保密制度完善，有专门的机构或者人员负责保密工作；

（5）用于涉密业务的场所、设施、设备符合国家保密规定和标准；

（6）具有从事涉密业务的专业能力；

（7）保密法律法规和国家保密规定要求的其他条件。

22 国家秘密载体印制资质申请单位应当具备的基本条件

国家秘密载体印制，是指以印刷、复制等方式制作国家秘密载体的行为。涉密印制资质是指保密行政管理部门许可企业事业单位从事国家秘密载体印制业务的法定资格。

《国家秘密载体印制资质管理办法》第十二条规定，申请单位应当具备以下基本条件：

（1）在中华人民共和国境内注册的法人，从事印制业务三年以上，甲级资质申请单位还应当具备相应乙级资质三年以上；

（2）无犯罪记录且近三年内未被吊

销保密资质（资格），法定代表人、主要负责人、实际控制人未被列入失信人员名单；

（3）法定代表人、主要负责人、实际控制人、董（监）事会人员、高级管理人员以及从事涉密印制业务人员具有中华人民共和国国籍，无境外永久居留权或者长期居留许可，与境外人员无婚姻关系，国家另有规定的除外；

（4）具有从事涉密印制业务的专业能力；

（5）法律、行政法规和国家保密行政管理部门规定的其他条件。

23 国家秘密载体印制资质申请单位应当具备的保密条件

《国家秘密载体印制资质管理办法》第十三条规定,申请单位应当具备以下保密条件:

(1) 有专门机构或者人员负责保密工作;

(2) 保密制度完善;

(3) 从事涉密印制业务的人员经过保密教育培训,具备必要的保密知识和技能;

(4) 用于涉密印制业务的场所、设施、设备符合国家保密规定和标准;

(5) 有专门的保密工作经费;

(6) 法律、行政法规和国家保密行

政管理部门规定的其他保密条件。

24 涉密信息系统集成资质申请单位应当具备的基本条件

涉密信息系统集成,是指涉密信息系统的规划、设计、建设、监理和运行维护等活动。涉密集成资质是指保密行政管理部门许可企业事业单位从事涉密信息系统集成业务的法定资格。

《涉密信息系统集成资质管理办法》第十二条规定,申请单位应当具备以下基本条件:

(1)在中华人民共和国境内依法成立三年以上的法人;

(2)无犯罪记录且近三年内未被吊销保密资质(资格),法定代表人、主要负责人、实际控制人未被列入失信人员名单；

（3）法定代表人、主要负责人、实际控制人、董（监）事会人员、高级管理人员以及从事涉密集成业务人员具有中华人民共和国国籍，无境外永久居留权或者长期居留许可，与境外人员无婚姻关系，国家另有规定的除外；

（4）具有从事涉密集成业务的专业能力；

（5）法律、行政法规和国家保密行政管理部门规定的其他条件。

25 涉密信息系统集成资质申请单位应当具备的保密条件

《涉密信息系统集成资质管理办法》

第十三条规定，申请单位应当具备以下保密条件：

（1）有专门机构或者人员负责保密工作；

（2）保密制度完善；

（3）从事涉密集成业务的人员经过保密教育培训，具备必要的保密知识和技能；

（4）用于涉密集成业务的场所、设施、设备符合国家保密规定和标准；

（5）有专门的保密工作经费；

（6）法律、行政法规和国家保密行政管理部门规定的其他保密条件。

26 取得保密资质的企业事业单位禁止行为

《保守国家秘密法实施条例》第四十八条规定,从事国家秘密载体制作、复制、维修、销毁,涉密信息系统集成,武器装备科研生产,或者涉密军事设施建设等涉密业务的企业事业单位,应当由保密行政管理部门单独或者会同有关部门进行保密审查,取得保密资质。

取得保密资质的企业事业单位,不得有下列行为:

(1)超出保密资质业务种类范围承担其他需要取得保密资质的业务;

(2)变造、出卖、出租、出借保密资质证书;

（3）将涉密业务转包给其他单位或者分包给无相应保密资质的单位；

（4）其他违反保密法律法规和国家保密规定的行为。

取得保密资质的企业事业单位实行年度自检制度，应当每年向作出准予行政许可决定的保密行政管理部门报送上一年度自检报告。

27 涉密采购保密管理

《保守国家秘密法实施条例》第四十九条规定，机关、单位采购涉及国家秘密的工程、货物、服务，或者委托企业事业单位从事涉密业务，应当根据国家保密规定确定密级，并符合国家保密规定和标准。机关、单位应当与有关单位、个人签订保密协议，提出保密要求，采取保密措施，实施全过程管理。

机关、单位采购或者委托企业事业单位从事本条例第四十八条第一款规定的涉密业务的，应当核验承担单位的保密资质。采购或者委托企业事业单位从事其他涉密业务的，应当核查参与单位的业务能力和保密管理能力。

政府采购监督管理部门、保密行政管理部门应当依法加强对涉及国家秘密的工程、货物、服务采购或者其他委托开展涉密业务的监督管理。

28 涉密人员管理和权益保护

《保守国家秘密法》第四十三条规定，在涉密岗位工作的人员（以下简称涉密人员),按照涉密程度分为核心涉密人员、重要涉密人员和一般涉密人员,实行分类管理。

任用、聘用涉密人员应当按照国家有关规定进行审查。

涉密人员应当具有良好的政治素质和品行,经过保密教育培训,具备胜任涉密岗位的工作能力和保密知识技能,签订保密承诺书,严格遵守国家保密规定,承担保密责任。

涉密人员的合法权益受法律保护。对因保密原因合法权益受到影响和限制的涉密人员,按照国家有关规定给予相应待遇或者补偿。

29 在保密工作中应当给予表彰奖励的情形

《保守国家秘密法实施条例》第十一条规定，对有下列表现之一的组织和个人，应当按照国家有关规定给予表彰和奖励：

（1）在危急情况下保护国家秘密安全的；

（2）在重大涉密活动中，为维护国家秘密安全做出突出贡献的；

（3）在保密科学技术研发中取得重大成果或者显著成绩的；

（4）及时检举泄露或者非法获取、持有国家秘密行为的；

（5）发现他人泄露或者可能泄露国

家秘密,立即采取补救措施,避免或者减轻危害后果的;

(6)在保密管理等涉密岗位工作,忠于职守,严守国家秘密,表现突出的;

(7)其他在保守、保护国家秘密工作中做出突出贡献的。

30 对拟任用、聘用到涉密岗位工作人员的保密审查

《保守国家秘密法实施条例》第五十条规定,机关、单位应当依法确定涉密岗位,对拟任用、聘用到涉密岗位工作的人员进行上岗前保密审查,确认其是否具备在涉密岗位工作的条件和能力。未通过保密审查的,不得任用、聘用到涉密岗位工作。

机关、单位组织人事部门负责组织实

施保密审查时，拟任用、聘用到涉密岗位工作的人员应当如实提供有关情况；需要其原工作、学习单位以及居住地有关部门和人员配合的，相关单位、部门和人员应当配合。必要时，公安机关、国家安全机关依申请协助审查。

机关、单位组织人事部门应当定期组织复审，确保涉密人员符合涉密岗位工作要求。

31 涉密人员的保密义务

《保守国家秘密法实施条例》第五十一条规定，涉密人员应当遵守保密法律法规和本机关、本单位保密制度，严格遵守保密纪律、履行保密承诺，接受保密管理，不得以任何方式泄露国家秘密。

32 国家科学技术涉密人员应当遵守的保密要求

《科学技术保密规定》第二十九条规定，涉密人员应当遵守以下保密要求：

（1）严格执行国家科学技术保密法律法规和规章以及本机关、本单位科学技术保密制度；

（2）接受科学技术保密教育培训和监督检查；

（3）产生涉密科学技术事项时，先行采取保密措施，按规定提请定密，并及时向本机关、本单位科学技术保密管理机构报告；

（4）参加对外科学技术交流合作与涉外商务活动前向本机关、本单位科学技术保密管理机构报告；

（5）发表论文、申请专利、参加学术交流等公开行为前按规定履行保密审查手续；

（6）发现国家科学技术秘密正在泄露或者可能泄露时，立即采取补救措施并向本机关、本单位科学技术保密管理机构报告；

（7）离岗离职时，与机关、单位签订保密协议，接受脱密期保密管理，严格保守国家科学技术秘密。

33 涉密人员教育培训和出境管理

《保守国家秘密法实施条例》第五十二条规定，机关、单位组织人事部门会同保密工作机构负责涉密人员保密管理工作。

机关、单位保密工作机构应当对涉密人员履行保密责任情况开展经常性的监督检查，会同组织人事部门加强保密教育培训。

涉密人员出境，由机关、单位组织人事部门和保密工作机构提出意见，按照人事、外事审批权限审批。涉密人员出境应当经过保密教育培训，及时报告在境外相关情况。

34 涉密人员脱密期管理

《保守国家秘密法》第四十六条规定，涉密人员离岗离职应当遵守国家保密规定。机关、单位应当开展保密教育提醒，清退国家秘密载体，实行脱密期管理。涉密人员在脱密期内，不得违反规定就业和出境，不得以任何方式泄露国家秘密；脱密期结束后，应当遵守国家保密规定，对知悉的国家秘密继续履行保密义务。涉密人员严重违反离岗离职及脱密期国家保密规定的，机关、单位应当及时报告同级保密行政管理部门，由保密行政管理部门会同有关部门依法采取处置措施。

《保守国家秘密法实施条例》第五十三条规定，涉密人员离岗离职应当遵守有关法律法规规定；离岗离职前，应当接受保密提醒谈话，签订离岗离职保密承诺书。机关、单位应当开展保密教育提醒，清退国家秘密载体、涉密设备，取消涉密信息系统访问权限，确定脱密期期限。涉密人员在脱密期内就业、出境应当遵守国家保密规定。涉密人员不得利用知悉的国家秘密为有关组织、个人提供服务或者谋取利益。

35 国家秘密泄露补救措施和及时报告义务

《保守国家秘密法》第四十七条规定，国家工作人员或者其他公民发现国家秘密已经泄露或者可能泄露时，应当立即采取补救措施并及时报告有关机关、单位。机关、单位接到报告后，应当立即作出处理，并及时向保密行政管理部门报告。

《保守国家秘密法实施条例》第六十一条进一步规定，机关、单位发现国家秘密已经泄露或者可能泄露的，应当立即采取补救措施，并在24小时内向同级保密行政管理部门和上级主管部门报告。

地方各级保密行政管理部门接到泄密

报告的，应当在 24 小时内逐级报至国家保密行政管理部门。

  保密行政管理部门依法受理公民对涉嫌保密违法线索的举报，并保护举报人的合法权益。

三

监督管理

1 保密检查和案件调查处理

《保守国家秘密法》第五十一条规定，保密行政管理部门依法对机关、单位遵守保密法律法规和相关制度的情况进行检查；涉嫌保密违法的，应当及时调查处理或者组织、督促有关机关、单位调查处理；涉嫌犯罪的，应当依法移送监察机关、司法机关处理。

对严重违反国家保密规定的涉密人员，保密行政管理部门应当建议有关机关、单位将其调离涉密岗位。

有关机关、单位和个人应当配合保密行政管理部门依法履行职责。

2 保密行政管理部门的保密检查内容

《保守国家秘密法实施条例》第五十八条规定,机关、单位应当对遵守保密法律法规和相关制度情况开展自查自评。保密行政管理部门依法对下列情况进行检查:

(1) 保密工作责任制落实情况;

(2) 保密制度建设情况;

(3) 保密宣传教育培训情况;

(4) 涉密人员保密管理情况;

(5) 国家秘密确定、变更、解除情况;

(6) 国家秘密载体管理情况;

(7) 信息系统和信息设备保密管理情况;

（8）互联网使用保密管理情况；

（9）涉密场所及保密要害部门、部位管理情况；

（10）采购涉及国家秘密的工程、货物、服务，或者委托企业事业单位从事涉密业务管理情况；

（11）涉及国家秘密会议、活动管理情况；

（12）信息公开保密审查情况；

（13）其他遵守保密法律法规和相关制度的情况。

3 保密检查和案件调查处理中可以采取的措施

《保守国家秘密法》第五十二条规定，保密行政管理部门在保密检查和案件调查处理中，可以依法查阅有关材料、询问人员、记录情况，先行登记保存有关设施、设备、文件资料等；必要时，可以进行保密技术检测。

保密行政管理部门对保密检查和案件调查处理中发现的非法获取、持有的国家秘密载体，应当予以收缴；发现存在泄露国家秘密隐患的，应当要求采取措施，限期整改；对存在泄露国家秘密隐患的设施、设备、场所，应当责令停止使用。

❹ 对涉嫌保密违法的线索和案件调查处理

《保守国家秘密法实施条例》第六十条规定，保密行政管理部门对涉嫌保密违法的线索和案件，应当依法及时调查处理或者组织、督促有关机关、单位调查处理；发现需要采取补救措施的，应当立即责令有关机关、单位和人员停止违法行为，采取有效补救措施。调查工作结束后，有违反保密法律法规的事实，需要追究责任的，保密行政管理部门应当依法作出行政处罚决定或者提出处理建议；涉嫌犯罪的，应当依法移送监察机关、司法机关处理。有关机关、单位应当及时将处理结果书面告知同级保密行政管理部门。

5 密级鉴定

《保守国家秘密法》第五十三条规定，办理涉嫌泄露国家秘密案件的机关，需要对有关事项是否属于国家秘密、属于何种密级进行鉴定的，由国家保密行政管理部门或者省、自治区、直辖市保密行政管理部门鉴定。

《保守国家秘密法实施条例》第六十三条第一款规定，办理涉嫌泄密案件的地方各级监察机关、司法机关申请国家秘密和情报鉴定的，向所在省、自治区、直辖市保密行政管理部门提出；办理涉嫌泄密案件的中央一级监察机关、司法机关申请国家秘密和情报鉴定的，向国家保密行政管理部门提出。

6 申请国家秘密鉴定应当提交的材料

《国家秘密鉴定工作规定》第九条规定，办案机关申请国家秘密鉴定，应当提交下列材料：

（1）申请国家秘密鉴定的公文；

（2）需要进行国家秘密鉴定的事项（以下简称鉴定事项）及鉴定事项清单；

（3）进行国家秘密鉴定需要掌握的有关情况说明，包括案件基本情况、鉴定事项来源、泄露对象和时间、回避建议等。

7 国家秘密鉴定书的内容

《国家秘密鉴定工作规定》第二十二条规定，保密行政管理部门作出鉴定结论应当出具国家秘密鉴定书。国家秘密鉴定书应当包括以下内容：

（1）鉴定事项名称或者内容；

（2）鉴定依据和鉴定结论；

（3）其他需要说明的情况；

（4）鉴定机关名称和鉴定日期。

国家秘密鉴定书应当加盖保密行政管理部门印章。

8 国家秘密鉴定周期

《保守国家秘密法实施条例》第六十三条第二款规定，国家秘密和情报鉴定应当根据保密法律法规和保密事项范围等进行。保密行政管理部门受理鉴定申请后，应当自受理之日起30日内出具鉴定结论；不能按期出具的，经保密行政管理部门负责人批准，可以延长30日。专家咨询等时间不计入鉴定办理期限。

四

法律责任

1 机关、单位违反保密法律法规发生泄密案件应受到处分的情形

《保守国家秘密法实施条例》第六十七条规定，机关、单位违反保密法律法规发生泄密案件，有下列情形之一的，根据情节轻重，对直接负责的主管人员和其他直接责任人员依法给予处分；构成犯罪的，依法追究刑事责任：

（1）未落实保密工作责任制的；

（2）未依法确定、变更或者解除国家秘密的；

（3）未按照要求对涉密场所以及保密要害部门、部位进行防护或者管理的；

（4）涉密信息系统未按照规定进行测评审查而投入使用，经责令整改仍不改

正的;

(5)未经保密审查或者保密审查不严,公开国家秘密的;

(6)委托不具备从事涉密业务条件的单位从事涉密业务的;

(7)违反涉密人员保密管理规定的;

(8)发生泄密案件未按照规定报告或者未及时采取补救措施的;

(9)未依法履行涉密数据安全管理责任的;

(10)其他违反保密法律法规的情形。

有前款情形尚不构成犯罪,且不适用处分的人员,由保密行政管理部门督促其主管部门予以处理。

2 公职人员泄密应受到的政务处分

根据《公职人员政务处分法》第三十九条的规定，泄露国家秘密、工作秘密，或者泄露因履行职责掌握的商业秘密、个人隐私，造成不良后果或者影响的，予以警告、记过或者记大过；情节较重的，予以降级或者撤职；情节严重的，予以开除。

3 定密责任人和承办人应受到处分的情形

《国家秘密定密管理暂行规定》第四十二条规定，定密责任人和承办人违反本规定，有下列行为之一的，机关、单位应当及时纠正并进行批评教育；造成严重后

果的,依纪依法给予处分:

(1) 应当确定国家秘密而未确定的;

(2) 不应当确定国家秘密而确定的;

(3) 超出定密权限定密的;

(4) 未按照法定程序定密的;

(5) 未按规定标注国家秘密标志的;

(6) 未按规定变更国家秘密的密级、保密期限、知悉范围的;

(7) 未按要求开展解密审核的;

(8) 不应当解除国家秘密而解除的;

(9) 应当解除国家秘密而未解除的;

(10) 违反本规定的其他行为。

4 对逃避、妨碍保密检查或者保密违法案件调查处理的处分

《保守国家秘密法实施条例》第六十

八条规定，在保密检查或者保密违法案件调查处理中，有关机关、单位及其工作人员拒不配合，弄虚作假，隐匿、销毁证据，或者以其他方式逃避、妨碍保密检查或者保密违法案件调查处理的，对直接负责的主管人员和其他直接责任人员依法给予处分；不适用处分的人员，由保密行政管理部门督促其主管部门予以处理。

企业事业单位及其工作人员协助机关、单位逃避、妨碍保密检查或者保密违法案件调查处理的，由有关主管部门依法予以处罚。

5 网络运营者因违反保密法律法规受到处罚的情形

《保守国家秘密法实施条例》第六十

九条规定，网络运营者违反保密法律法规，有下列情形之一的，由保密行政管理等部门按照各自职责分工责令限期整改，给予警告或者通报批评；情节严重的，处5万元以上50万元以下罚款，对直接负责的主管人员和其他直接责任人员处1万元以上10万元以下罚款：

（1）发生泄密事件，未依法采取补救措施的；

（2）未依法配合保密行政管理部门实施保密违法案件调查、预警事件排查的。

6 研制生产单位因安全保密产品不符合标准受到处罚的情形

《保守国家秘密法实施条例》第七十

条规定，用于保护国家秘密的安全保密产品和保密技术装备不符合国家保密规定和标准，有下列情形之一的，由保密行政管理等部门对研制生产单位给予警告或者通报批评，责令有关检测机构取消合格证书；有违法所得的，没收违法所得：

（1）研制生产单位拒不整改或者整改后仍不符合国家保密规定和标准的；

（2）安全保密产品和保密技术装备存在重大缺陷或者重大泄密隐患的；

（3）造成国家秘密泄露的；

（4）其他严重危害国家秘密安全的。

7 从事涉密业务的企业事业单位应受到处罚的情形

《保守国家秘密法实施条例》第七十

一条规定,从事涉密业务的企业事业单位违反保密法律法规及国家保密规定的,由保密行政管理部门责令限期整改,给予警告或者通报批评;有违法所得的,没收违法所得。

取得保密资质的企业事业单位,有下列情形之一的,并处暂停涉密业务、降低资质等级:

(1) 超出保密资质业务种类范围承担其他需要取得保密资质业务的;

(2) 未按照保密行政管理部门要求时限完成整改或者整改后仍不符合保密法律法规及国家保密规定的;

(3) 其他违反保密法律法规及国家保密规定,存在重大泄密隐患的。

取得保密资质的企业事业单位,有下列情形之一的,并处吊销保密资质:

（1）变造、出卖、出租、出借保密资质证书的；

（2）将涉密业务转包给其他单位或者分包给无相应保密资质单位的；

（3）发现国家秘密已经泄露或者可能泄露，未立即采取补救措施或者未按照规定时限报告的；

（4）拒绝、逃避、妨碍保密检查的；

（5）暂停涉密业务期间承接新的涉密业务的；

（6）暂停涉密业务期满仍不符合保密法律法规及国家保密规定的；

（7）发生重大泄密案件的；

（8）其他严重违反保密法律法规及国家保密规定行为的。

8. 掌握国家秘密的国家工作人员叛逃境外或者在境外叛逃需要承担的刑事责任

《中华人民共和国刑法》（以下简称《刑法》）第一百零九条规定，国家机关工作人员在履行公务期间，擅离岗位，叛逃境外或者在境外叛逃的，处五年以下有期徒刑、拘役、管制或者剥夺政治权利；情节严重的，处五年以上十年以下有期徒刑。

掌握国家秘密的国家工作人员叛逃境外或者在境外叛逃的，依照前款的规定从重处罚。

9 为境外窃取、刺探、收买、非法提供国家秘密或者情报需要承担的刑事责任

《刑法》第一百一十一条规定,为境外的机构、组织、人员窃取、刺探、收买、非法提供国家秘密或者情报的,处五年以上十年以下有期徒刑;情节特别严重的,处十年以上有期徒刑或者无期徒刑;情节较轻的,处五年以下有期徒刑、拘役、管制或者剥夺政治权利。

10. 非法获取国家秘密或者非法持有国家绝密、机密文件、资料、物品需要承担的刑事责任

《刑法》第二百八十二条规定，以窃取、刺探、收买方法，非法获取国家秘密的，处三年以下有期徒刑、拘役、管制或者剥夺政治权利；情节严重的，处三年以上七年以下有期徒刑。

非法持有属于国家绝密、机密的文件、资料或者其他物品，拒不说明来源与用途的，处三年以下有期徒刑、拘役或者管制。

11 泄露与国家情报工作有关的国家秘密需要承担的法律责任

《中华人民共和国国家情报法》第二十九条规定,泄露与国家情报工作有关的国家秘密的,由国家情报工作机构建议相关单位给予处分或者由国家安全机关、公安机关处警告或者十五日以下拘留;构成犯罪的,依法追究刑事责任。

12 故意或者过失泄露国家秘密需要承担的刑事责任

《刑法》第三百九十八条规定,国家机关工作人员违反保守国家秘密法的规定,故意或者过失泄露国家秘密,情节严重的,处三年以下有期徒刑或者拘役;情节特别严重的,处三年以上七年以下有期徒刑。

非国家机关工作人员犯前款罪的,依照前款的规定酌情处罚。

13 非法获取军事秘密需要承担的刑事责任

《刑法》第四百三十一条规定,以窃取、刺探、收买方法,非法获取军事秘密的,处五年以下有期徒刑;情节严重的,处五年以上十年以下有期徒刑;情节特别严重的,处十年以上有期徒刑。

为境外的机构、组织、人员窃取、刺探、收买、非法提供军事秘密的,处五年以上十年以下有期徒刑;情节严重的，处十年以上有期徒刑、无期徒刑或者死刑。

14 故意或者过失泄露军事秘密需要承担的刑事责任

《刑法》第四百三十二条规定，违反保守国家秘密法规，故意或者过失泄露军事秘密，情节严重的，处五年以下有期徒刑或者拘役；情节特别严重的，处五年以上十年以下有期徒刑。

战时犯前款罪的，处五年以上十年以下有期徒刑；情节特别严重的，处十年以上有期徒刑或者无期徒刑。

附　录

中华人民共和国保守国家秘密法

（1988年9月5日第七届全国人民代表大会常务委员会第三次会议通过　2010年4月29日第十一届全国人民代表大会常务委员会第十四次会议第一次修订　2024年2月27日第十四届全国人民代表大会常务委员会第八次会议第二次修订　2024年2月27日中华人民共和国主席令第20号公布　自2024年5月1日起施行）

目　录

第一章　总　　则
第二章　国家秘密的范围和密级

第三章　保密制度
第四章　监督管理
第五章　法律责任
第六章　附　　则

第一章　总　　则

第一条　为了保守国家秘密，维护国家安全和利益，保障改革开放和社会主义现代化建设事业的顺利进行，根据宪法，制定本法。

第二条　国家秘密是关系国家安全和利益，依照法定程序确定，在一定时间内只限一定范围的人员知悉的事项。

第三条　坚持中国共产党对保守国家秘密（以下简称保密）工作的领导。中央保密工作领导机构领导全国保密工作，研究制定、指导实施国家保密工作战略和重大方针政策，统筹协调国家保密重大事项和重要工作，推进国家保密法治建设。

第四条 保密工作坚持总体国家安全观，遵循党管保密、依法管理，积极防范、突出重点，技管并重、创新发展的原则，既确保国家秘密安全，又便利信息资源合理利用。

法律、行政法规规定公开的事项，应当依法公开。

第五条 国家秘密受法律保护。

一切国家机关和武装力量、各政党和各人民团体、企业事业组织和其他社会组织以及公民都有保密的义务。

任何危害国家秘密安全的行为，都必须受到法律追究。

第六条 国家保密行政管理部门主管

全国的保密工作。县级以上地方各级保密行政管理部门主管本行政区域的保密工作。

第七条 国家机关和涉及国家秘密的单位（以下简称机关、单位）管理本机关和本单位的保密工作。

中央国家机关在其职权范围内管理或者指导本系统的保密工作。

第八条 机关、单位应当实行保密工作责任制，依法设置保密工作机构或者指定专人负责保密工作，健全保密管理制度，完善保密防护措施，开展保密宣传教育，加强保密监督检查。

第九条 国家采取多种形式加强保密宣传教育，将保密教育纳入国民教育体系和公务员教育培训体系，鼓励大众传播媒介面向社会进行保密宣传教育，普及保密知识，宣传保密法治，增强全社会的保密意识。

第十条 国家鼓励和支持保密科学技术研究和应用，提升自主创新能力，依法保护保密领域的知识产权。

第十一条 县级以上人民政府应当将保密工作纳入本级国民经济和社会发展规划，所需经费列入本级预算。

机关、单位开展保密工作所需经费应当列入本机关、本单位年度预算或者年度收支计划。

第十二条 国家加强保密人才培养和队伍建设，完善相关激励保障机制。

对在保守、保护国家秘密工作中做出突出贡献的组织和个人，按照国家有关规定给予表彰和奖励。

第二章　国家秘密的范围和密级

第十三条　下列涉及国家安全和利益的事项，泄露后可能损害国家在政治、经济、国防、外交等领域的安全和利益的，应当确定为国家秘密：

（一）国家事务重大决策中的秘密事项；

（二）国防建设和武装力量活动中的秘密事项；

（三）外交和外事活动中的秘密事项以及对外承担保密义务的秘密事项；

（四）国民经济和社会发展中的秘密事项；

（五）科学技术中的秘密事项；

（六）维护国家安全活动和追查刑事犯罪中的秘密事项；

（七）经国家保密行政管理部门确定的其他秘密事项。

政党的秘密事项中符合前款规定的，属于国家秘密。

第十四条 国家秘密的密级分为绝密、机密、秘密三级。

绝密级国家秘密是最重要的国家秘密，泄露会使国家安全和利益遭受特别严重的损害；机密级国家秘密是重要的国家秘密，泄露会使国家安全和利益遭受严重的损害；秘密级国家秘密是一般的国家秘密，泄露会使国家安全和利益遭受损害。

第十五条 国家秘密及其密级的具体范围（以下简称保密事项范围），由国家保密行政管理部门单独或者会同有关中央国家机关规定。

军事方面的保密事项范围，由中央军

事委员会规定。

保密事项范围的确定应当遵循必要、合理原则,科学论证评估,并根据情况变化及时调整。保密事项范围的规定应当在有关范围内公布。

第十六条 机关、单位主要负责人及其指定的人员为定密责任人,负责本机关、本单位的国家秘密确定、变更和解除工作。

机关、单位确定、变更和解除本机关、本单位的国家秘密,应当由承办人提出具体意见,经定密责任人审核批准。

第十七条 确定国家秘密的密级,应当遵守定密权限。

中央国家机关、省级机关及其授权的机关、单位可以确定绝密级、机密级和秘密级国家秘密;设区的市级机关及其授权的机关、单位可以确定机密级和秘密级国家秘密；特殊情况下无法按照上述规定授权定密的，国家保密行政管理部门或者省、自治区、直辖市保密行政管理部门可以授予机关、单位定密权限。具体的定密权限、授权范围由国家保密行政管理部门规定。

下级机关、单位认为本机关、本单位产生的有关定密事项属于上级机关、单位的定密权限，应当先行采取保密措施，并立即报请上级机关、单位确定；没有上级机关、单位的，应当立即提请有相应定密权限的业务主管部门或者保密行政管理部门确定。

公安机关、国家安全机关在其工作范围内按照规定的权限确定国家秘密的密级。

第十八条 机关、单位执行上级确定的国家秘密事项或者办理其他机关、单位确定的国家秘密事项，需要派生定密的，应当根据所执行、办理的国家秘密事项的密级确定。

第十九条 机关、单位对所产生的国家秘密事项，应当按照保密事项范围的规定确定密级，同时确定保密期限和知悉范围；有条件的可以标注密点。

第二十条 国家秘密的保密期限，应当根据事项的性质和特点，按照维护国家安全和利益的需要，限定在必要的期限内；不能确定期限的，应当确定解密的条件。

国家秘密的保密期限，除另有规定外，绝密级不超过三十年，机密级不超过二十年，秘密级不超过十年。

机关、单位应当根据工作需要，确定具体的保密期限、解密时间或者解密条件。

机关、单位对在决定和处理有关事项工作过程中确定需要保密的事项，根据工作需要决定公开的，正式公布时即视为解密。

第二十一条 国家秘密的知悉范围，应当根据工作需要限定在最小范围。

国家秘密的知悉范围能够限定到具体人员的，限定到具体人员；不能限定到具体人员的，限定到机关、单位，由该机关、单位限定到具体人员。

国家秘密的知悉范围以外的人员，因工作需要知悉国家秘密的，应当经过机关、单位主要负责人或者其指定的人员批准。原定密机关、单位对扩大国家秘密的知悉范围有明确规定的，应当遵守其规定。

第二十二条 机关、单位对承载国家秘密的纸介质、光介质、电磁介质等载体（以下简称国家秘密载体）以及属于国家秘密的设备、产品，应当作出国家秘密标志。

涉及国家秘密的电子文件应当按照国家有关规定作出国家秘密标志。

不属于国家秘密的，不得作出国家秘密标志。

第二十三条 国家秘密的密级、保密期限和知悉范围，应当根据情况变化及时变更。国家秘密的密级、保密期限和知悉范围的变更，由原定密机关、单位决定，也可以由其上级机关决定。

国家秘密的密级、保密期限和知悉范围变更的，应当及时书面通知知悉范围内的机关、单位或者人员。

第二十四条 机关、单位应当每年审核所确定的国家秘密。

国家秘密的保密期限已满的,自行解密。在保密期限内因保密事项范围调整不再作为国家秘密,或者公开后不会损害国家安全和利益,不需要继续保密的,应当及时解密;需要延长保密期限的,应当在原保密期限届满前重新确定密级、保密期限和知悉范围。提前解密或者延长保密期限的,由原定密机关、单位决定,也可以由其上级机关决定。

第二十五条 机关、单位对是否属于国家秘密或者属于何种密级不明确或者有争议的,由国家保密行政管理部门或者省、自治区、直辖市保密行政管理部门按照国家保密规定确定。

第三章 保密制度

第二十六条 国家秘密载体的制作、收发、传递、使用、复制、保存、维修和销毁，应当符合国家保密规定。

绝密级国家秘密载体应当在符合国家保密标准的设施、设备中保存，并指定专人管理；未经原定密机关、单位或者其上级机关批准，不得复制和摘抄；收发、传递和外出携带，应当指定人员负责，并采取必要的安全措施。

第二十七条 属于国家秘密的设备、产品的研制、生产、运输、使用、保存、维修和销毁，应当符合国家保密规定。

第二十八条 机关、单位应当加强对国家秘密载体的管理，任何组织和个人不得有下列行为：

（一）非法获取、持有国家秘密载体；

（二）买卖、转送或者私自销毁国家秘密载体；

（三）通过普通邮政、快递等无保密措施的渠道传递国家秘密载体；

（四）寄递、托运国家秘密载体出境；

（五）未经有关主管部门批准，携带、传递国家秘密载体出境；

（六）其他违反国家秘密载体保密规定的行为。

第二十九条 禁止非法复制、记录、存储国家秘密。

禁止未按照国家保密规定和标准采取有效保密措施，在互联网及其他公共信息网络或者有线和无线通信中传递国家秘密。

禁止在私人交往和通信中涉及国家秘密。

第三十条 存储、处理国家秘密的计算机信息系统（以下简称涉密信息系统）按照涉密程度实行分级保护。

涉密信息系统应当按照国家保密规定和标准规划、建设、运行、维护，并配备保密设施、设备。保密设施、设备应当与涉密信息系统同步规划、同步建设、同步运行。

涉密信息系统应当按照规定，经检查合格后，方可投入使用，并定期开展风险评估。

第三十一条 机关、单位应当加强对信息系统、信息设备的保密管理，建设保

密自监管设施,及时发现并处置安全保密风险隐患。任何组织和个人不得有下列行为:

(一)未按照国家保密规定和标准采取有效保密措施,将涉密信息系统、涉密信息设备接入互联网及其他公共信息网络;

(二)未按照国家保密规定和标准采取有效保密措施,在涉密信息系统、涉密信息设备与互联网及其他公共信息网络之间进行信息交换;

(三)使用非涉密信息系统、非涉密信息设备存储或者处理国家秘密;

(四)擅自卸载、修改涉密信息系统的安全技术程序、管理程序;

(五)将未经安全技术处理的退出使用的涉密信息设备赠送、出售、丢弃或者改作其他用途；

（六）其他违反信息系统、信息设备保密规定的行为。

第三十二条 用于保护国家秘密的安全保密产品和保密技术装备应当符合国家保密规定和标准。

国家建立安全保密产品和保密技术装备抽检、复检制度，由国家保密行政管理部门设立或者授权的机构进行检测。

第三十三条 报刊、图书、音像制品、电子出版物的编辑、出版、印制、发行，广播节目、电视节目、电影的制作和播放，网络信息的制作、复制、发布、传播，应当遵守国家保密规定。

第三十四条 网络运营者应当加强对其用户发布的信息的管理，配合监察机关、保密行政管理部门、公安机关、国家安全机关对涉嫌泄露国家秘密案件进行调查处理；发现利用互联网及其他公共信息网络发布的信息涉嫌泄露国家秘密的，应当立即停止传输该信息，保存有关记录，向保密行政管理部门或者公安机关、国家安全机关报告；应当根据保密行政管理部门或者公安机关、国家安全机关的要求，删除涉及泄露国家秘密的信息，并对有关设备进行技术处理。

第三十五条 机关、单位应当依法对拟公开的信息进行保密审查，遵守国家保密规定。

第三十六条 开展涉及国家秘密的数据处理活动及其安全监管应当符合国家保密规定。

国家保密行政管理部门和省、自治区、直辖市保密行政管理部门会同有关主管部门建立安全保密防控机制,采取安全保密防控措施,防范数据汇聚、关联引发的泄密风险。

机关、单位应当对汇聚、关联后属于国家秘密事项的数据依法加强安全管理。

第三十七条 机关、单位向境外或者向境外在中国境内设立的组织、机构提供国家秘密,任用、聘用的境外人员因工作需要知悉国家秘密的,按照国家有关规定办理。

第三十八条 举办会议或者其他活动涉及国家秘密的,主办单位应当采取保密措施,并对参加人员进行保密教育,提出具体保密要求。

第三十九条 机关、单位应当将涉及绝密级或者较多机密级、秘密级国家秘密的机构确定为保密要害部门,将集中制作、存放、保管国家秘密载体的专门场所确定为保密要害部位，按照国家保密规定和标准配备、使用必要的技术防护设施、设备。

第四十条 军事禁区、军事管理区和属于国家秘密不对外开放的其他场所、部位，应当采取保密措施，未经有关部门批准，不得擅自决定对外开放或者扩大开放范围。

涉密军事设施及其他重要涉密单位周边区域应当按照国家保密规定加强保密管理。

第四十一条 从事涉及国家秘密业务的企业事业单位，应当具备相应的保密管理能力，遵守国家保密规定。

从事国家秘密载体制作、复制、维修、销毁，涉密信息系统集成，武器装备科研生产，或者涉密军事设施建设等涉及国家秘密业务的企业事业单位,应当经过审查批准,取得保密资质。

第四十二条 采购涉及国家秘密的货物、服务的机关、单位,直接涉及国家秘密的工程建设、设计、施工、监理等单位,应当遵守国家保密规定。

机关、单位委托企业事业单位从事涉及国家秘密的业务,应当与其签订保密协议,提出保密要求,采取保密措施。

第四十三条 在涉密岗位工作的人员(以下简称涉密人员),按照涉密程度分为核心涉密人员、重要涉密人员和一般涉密人员,实行分类管理。

任用、聘用涉密人员应当按照国家有关规定进行审查。

涉密人员应当具有良好的政治素质和品行,经过保密教育培训,具备胜任涉密岗位的工作能力和保密知识技能,签订保密承诺书,严格遵守国家保密规定,承担保密责任。

涉密人员的合法权益受法律保护。对因保密原因合法权益受到影响和限制的涉密人员,按照国家有关规定给予相应待遇或者补偿。

第四十四条 机关、单位应当建立健全涉密人员管理制度,明确涉密人员的权利、岗位责任和要求,对涉密人员履行职责情况开展经常性的监督检查。

第四十五条 涉密人员出境应当经有关部门批准,有关机关认为涉密人员出境将对国家安全造成危害或者对国家利益造成重大损失的,不得批准出境。

第四十六条 涉密人员离岗离职应当遵守国家保密规定。机关、单位应当开展保密教育提醒，清退国家秘密载体，实行脱密期管理。涉密人员在脱密期内，不得违反规定就业和出境，不得以任何方式泄露国家秘密；脱密期结束后，应当遵守国家保密规定，对知悉的国家秘密继续履行保密义务。涉密人员严重违反离岗离职及脱密期国家保密规定的，机关、单位应当及时报告同级保密行政管理部门，由保密行政管理部门会同有关部门依法采取处置措施。

第四十七条 国家工作人员或者其他公民发现国家秘密已经泄露或者可能泄露时，应当立即采取补救措施并及时报告有关机关、单位。机关、单位接到报告后，应当立即作出处理，并及时向保密行政管理部门报告。

第四章　监督管理

第四十八条　国家保密行政管理部门依照法律、行政法规的规定,制定保密规章和国家保密标准。

第四十九条　保密行政管理部门依法组织开展保密宣传教育、保密检查、保密技术防护、保密违法案件调查处理工作,对保密工作进行指导和监督管理。

第五十条　保密行政管理部门发现国家秘密确定、变更或者解除不当的,应当及时通知有关机关、单位予以纠正。

第五十一条　保密行政管理部门依法对机关、单位遵守保密法律法规和相关制度的情况进行检查;涉嫌保密违法的,应当及时调查处理或者组织、督促有关机关、单位调查处理;涉嫌犯罪的,应当依法移送监察机关、司法机关处理。

对严重违反国家保密规定的涉密人员,保密行政管理部门应当建议有关机关、单位将其调离涉密岗位。

有关机关、单位和个人应当配合保密行政管理部门依法履行职责。

第五十二条 保密行政管理部门在保密检查和案件调查处理中,可以依法查阅有关材料、询问人员、记录情况,先行登记保存有关设施、设备、文件资料等;必要时,可以进行保密技术检测。

保密行政管理部门对保密检查和案件调查处理中发现的非法获取、持有的国家秘密载体,应当予以收缴;发现存在泄露国家秘密隐患的,应当要求采取措施,限期整改;对存在泄露国家秘密隐患的设施、设备、场所,应当责令停止使用。

第五十三条 办理涉嫌泄露国家秘密案件的机关,需要对有关事项是否属于国家秘密、属于何种密级进行鉴定的,由国家保密行政管理部门或者省、自治区、直辖市保密行政管理部门鉴定。

第五十四条 机关、单位对违反国家保密规定的人员不依法给予处分的,保密行政管理部门应当建议纠正;对拒不纠正的,提请其上一级机关或者监察机关对该机关、单位负有责任的领导人员和直接责任人员依法予以处理。

第五十五条 设区的市级以上保密行政管理部门建立保密风险评估机制、监测预警制度、应急处置制度,会同有关部门开展信息收集、分析、通报工作。

第五十六条 保密协会等行业组织依照法律、行政法规的规定开展活动,推动行业自律，促进行业健康发展。

第五章　法律责任

第五十七条　违反本法规定，有下列情形之一，根据情节轻重，依法给予处分；有违法所得的，没收违法所得：

（一）非法获取、持有国家秘密载体的；

（二）买卖、转送或者私自销毁国家秘密载体的；

（三）通过普通邮政、快递等无保密措施的渠道传递国家秘密载体的；

（四）寄递、托运国家秘密载体出境，或者未经有关主管部门批准，携带、传递国家秘密载体出境的；

（五）非法复制、记录、存储国家秘

密的；

（六）在私人交往和通信中涉及国家秘密的；

（七）未按照国家保密规定和标准采取有效保密措施，在互联网及其他公共信息网络或者有线和无线通信中传递国家秘密的；

（八）未按照国家保密规定和标准采取有效保密措施，将涉密信息系统、涉密信息设备接入互联网及其他公共信息网络的；

（九）未按照国家保密规定和标准采取有效保密措施，在涉密信息系统、涉密信息设备与互联网及其他公共信息网络之间进行信息交换的；

（十）使用非涉密信息系统、非涉密信息设备存储、处理国家秘密的；

（十一）擅自卸载、修改涉密信息系

统的安全技术程序、管理程序的；

（十二）将未经安全技术处理的退出使用的涉密信息设备赠送、出售、丢弃或者改作其他用途的；

（十三）其他违反本法规定的情形。

有前款情形尚不构成犯罪，且不适用处分的人员，由保密行政管理部门督促其所在机关、单位予以处理。

第五十八条 机关、单位违反本法规定，发生重大泄露国家秘密案件的，依法对直接负责的主管人员和其他直接责任人员给予处分。不适用处分的人员，由保密行政管理部门督促其主管部门予以处理。

机关、单位违反本法规定，对应当定密的事项不定密，对不应当定密的事项定密，或者未履行解密审核责任，造成严重后果的，依法对直接负责的主管人员和其他直接责任人员给予处分。

第五十九条 网络运营者违反本法第三十四条规定的，由公安机关、国家安全机关、电信主管部门、保密行政管理部门按照各自职责分工依法予以处罚。

第六十条 取得保密资质的企业事业单位违反国家保密规定的，由保密行政管理部门责令限期整改，给予警告或者通报批评；有违法所得的，没收违法所得；情节严重的，暂停涉密业务、降低资质等级；情节特别严重的，吊销保密资质。

未取得保密资质的企业事业单位违法从事本法第四十一条第二款规定的涉密业务的，由保密行政管理部门责令停止涉密业务，给予警告或者通报批评；有违法所得的，没收违法所得。

第六十一条 保密行政管理部门的工

作人员在履行保密管理职责中滥用职权、玩忽职守、徇私舞弊的,依法给予处分。

第六十二条 违反本法规定,构成犯罪的,依法追究刑事责任。

第六章 附 则

第六十三条 中国人民解放军和中国人民武装警察部队开展保密工作的具体规定,由中央军事委员会根据本法制定。

第六十四条 机关、单位对履行职能过程中产生或者获取的不属于国家秘密但泄露后会造成一定不利影响的事项,适用工作秘密管理办法采取必要的保护措施。工作秘密管理办法另行规定。

第六十五条 本法自 2024 年 5 月 1 日起施行。

中华人民共和国
保守国家秘密法实施条例

（2014年1月17日中华人民共和国国务院令第646号公布 2024年7月10日中华人民共和国国务院令第786号修订）

第一章 总 则

第一条 根据《中华人民共和国保守国家秘密法》（以下简称保密法）的规定，制定本条例。

第二条 坚持和加强中国共产党对保守国家秘密（以下简称保密）工作的领导。

中央保密工作领导机构领导全国保密工作，负责全国保密工作的顶层设计、统筹协调、整体推进、督促落实。

地方各级保密工作领导机构领导本地区保密工作，按照中央保密工作领导机构统一部署，贯彻落实党和国家保密工作战略及重大政策措施，统筹协调保密重大事项和重要工作，督促保密法律法规严格执行。

第三条 国家保密行政管理部门主管全国的保密工作。县级以上地方各级保密行政管理部门在上级保密行政管理部门指导下，主管本行政区域的保密工作。

第四条 中央国家机关在其职权范围内管理或者指导本系统的保密工作，监督执行保密法律法规，可以根据实际情况制定或者会同有关部门制定主管业务方面的保密规定。

第五条 国家机关和涉及国家秘密的单位（以下简称机关、单位）不得将依法应当公开的事项确定为国家秘密，不得将涉及国家秘密的信息公开。

第六条 机关、单位实行保密工作责任制，承担本机关、本单位保密工作主体责任。机关、单位主要负责人对本机关、本单位的保密工作负总责，分管保密工作的负责人和分管业务工作的负责人在职责范围内对保密工作负领导责任，工作人员对本岗位的保密工作负直接责任。

机关、单位应当加强保密工作力量建设，中央国家机关应当设立保密工作机构，配备专职保密干部，其他机关、单位应当根据保密工作需要设立保密工作机构或者指定人员专门负责保密工作。

机关、单位及其工作人员履行保密工作责任制情况应当纳入年度考评和考核内容。

第七条 县级以上人民政府应当加强保密基础设施建设和关键保密科学技术产品的配备。

省级以上保密行政管理部门应当推动保密科学技术自主创新，促进关键保密科学技术产品的研发工作，鼓励和支持保密科学技术研究和应用。

第八条 保密行政管理部门履行职责所需的经费，应当列入本级预算。机关、单位开展保密工作所需经费应当列入本机关、本单位的年度预算或者年度收支计划。

第九条 保密行政管理部门应当组织开展经常性的保密宣传教育。干部教育培训主管部门应当会同保密行政管理部门履行干部保密教育培训工作职责。干部教育培训机构应当将保密教育纳入教学体系。教育行政部门应当推动保密教育纳入国民教育体系。宣传部门应当指导鼓励大众传播媒介充分发挥作用，普及保密知识，宣传保密法治，推动全社会增强保密意识。

机关、单位应当定期对本机关、本单位工作人员进行保密工作优良传统、保密形势任务、保密法律法规、保密技术防范、保密违法案例警示等方面的教育培训。

第十条 保密行政管理部门应当按照国家有关规定完善激励保障机制，加强专门人才队伍建设、专业培训和装备配备，提升保密工作专业化能力和水平。教育行政部门应当加强保密相关学科专业建设指导和支持。

第十一条 对有下列表现之一的组织和个人，应当按照国家有关规定给予表彰和奖励：

（一）在危急情况下保护国家秘密安全的；

（二）在重大涉密活动中，为维护国家秘密安全做出突出贡献的；

（三）在保密科学技术研发中取得重大成果或者显著成绩的；

（四）及时检举泄露或者非法获取、持有国家秘密行为的；

（五）发现他人泄露或者可能泄露国家秘密，立即采取补救措施，避免或者减轻危害后果的；

（六）在保密管理等涉密岗位工作，忠于职守，严守国家秘密，表现突出的；

（七）其他在保守、保护国家秘密工作中做出突出贡献的。

第二章　国家秘密的范围和密级

第十二条　国家秘密及其密级的具体范围（以下称保密事项范围）应当明确规定国家秘密具体事项的名称、密级、保密期限、知悉范围和产生层级。

保密事项范围应当根据情况变化及时调整。制定、修订保密事项范围应当充分论证，听取有关机关、单位和相关行业、领域专家的意见。

第十三条　有定密权限的机关、单位应当依据本行业、本领域以及相关行业、领域保密事项范围，制定国家秘密事项一览表，并报同级保密行政管理部门备案。国家秘密事项一览表应当根据保密事项范围及时修订。

第十四条　机关、单位主要负责人为本机关、本单位法定定密责任人，根据工作需要，可以明确本机关、本单位其他负责人、内设机构负责人或者其他人员为指定定密责任人。

定密责任人、承办人应当接受定密培训，熟悉定密职责和保密事项范围，掌握定密程序和方法。

第十五条 定密责任人在职责范围内承担国家秘密确定、变更和解除工作，指导、监督职责范围内的定密工作。具体职责是：

（一）审核批准承办人拟定的国家秘密的密级、保密期限和知悉范围；

（二）对本机关、本单位确定的尚在保密期限内的国家秘密进行审核，作出是否变更或者解除的决定；

（三）参与制定修订本机关、本单位国家秘密事项一览表；

（四）对是否属于国家秘密和属于何种密级不明确的事项先行拟定密级、保密期限和知悉范围，并按照规定的程序报保密行政管理部门确定。

第十六条 中央国家机关、省级机关以及设区的市级机关可以根据保密工作需要或者有关机关、单位申请，在国家保密行政管理部门规定的定密权限、授权范围内作出定密授权。

无法按照前款规定授权的，省级以上保密行政管理部门可以根据保密工作需要或者有关机关、单位申请，作出定密授权。

定密授权应当以书面形式作出。授权机关应当对被授权机关、单位履行定密授权的情况进行监督。被授权机关、单位不得再授权。

中央国家机关、省级机关和省、自治

区、直辖市保密行政管理部门作出的定密授权，报国家保密行政管理部门备案；设区的市级机关作出的定密授权，报省、自治区、直辖市保密行政管理部门备案。

第十七条 机关、单位应当在国家秘密产生的同时，由承办人依据有关保密事项范围拟定密级、保密期限和知悉范围，报定密责任人审核批准，并采取相应保密措施。

机关、单位对应当定密但本机关、本单位没有定密权限的事项，先行采取保密措施，并依照法定程序，报上级机关、单位确定；没有上级机关、单位的，报有定密权限的业务主管部门或者保密行政管理部门确定。

机关、单位确定国家秘密，能够明确密点的，按照国家保密规定确定并标注。

第十八条 机关、单位执行上级确定的国家秘密事项或者办理其他机关、单位确定的国家秘密事项,有下列情形之一的,应当根据所执行、办理的国家秘密事项的密级、保密期限和知悉范围派生定密:

(一)与已确定的国家秘密事项完全一致的;

(二)涉及已确定的国家秘密事项密点的;

(三)对已确定的国家秘密事项进行概括总结、编辑整合、具体细化的;

(四)原定密机关、单位对使用已确定的国家秘密事项有明确定密要求的。

第十九条 机关、单位对所产生的国家秘密,应当按照保密事项范围的规定确定具体的保密期限或者解密时间;不能确定的,应当确定解密条件。

国家秘密的保密期限,自标明的制发

日起计算；不能标明制发日的，确定该国家秘密的机关、单位应当书面通知知悉范围内的机关、单位和人员，保密期限自通知之日起计算。

第二十条　机关、单位应当依法限定国家秘密的知悉范围，对知悉机密级以上国家秘密的人员，应当作出记录。

第二十一条　国家秘密载体以及属于国家秘密的设备、产品（以下简称密品）的明显部位应当作出国家秘密标志。国家秘密标志应当标注密级、保密期限。国家秘密的密级或者保密期限发生变更的，应当及时对原国家秘密标志作出变更。

无法作出国家秘密标志的，确定该国家秘密的机关、单位应当书面通知知悉范围内的机关、单位和人员。

第二十二条　机关、单位对所确定的国家秘密，认为符合保密法有关解除或者变更规定的,应当及时解除或者变更。

机关、单位对不属于本机关、本单位确定的国家秘密,认为符合保密法有关解除或者变更规定的,可以向原定密机关、单位或者其上级机关、单位提出建议。

已经依法移交各级国家档案馆的属于国家秘密的档案,由原定密机关、单位按照国家有关规定进行解密审核。

第二十三条 机关、单位被撤销或者合并、分立的,该机关、单位所确定国家秘密的变更和解除,由承担其职能的机关、单位负责;没有相应机关、单位的,由其上级机关、单位或者同级保密行政管理部门指定的机关、单位负责。

第二十四条 机关、单位发现本机关、本单位国家秘密的确定、变更和解除不当的,应当及时纠正;上级机关、单位发现下级机关、单位国家秘密的确定、变更和解除不当的,应当及时通知其纠正,也可以直接纠正。

第二十五条 机关、单位对符合保密法的规定,但保密事项范围没有规定的不明确事项,应当先行拟定密级、保密期限和知悉范围,采取相应的保密措施,并自拟定之日起 10 个工作日内报有关部门确定。拟定为绝密级的事项和中央国家机关拟定的机密级、秘密级的事项,报国家保密行政管理部门确定;其他机关、单位拟定的机密级、秘密级的事项,报省、自治区、直辖市保密行政管理部门确定。

保密行政管理部门接到报告后,应当在 10 个工作日内作出决定。省、自治区、直辖市保密行政管理部门还应当将所作决定及时报国家保密行政管理部门备案。

第二十六条 机关、单位对已确定的国家秘密事项是否属于国家秘密或者属于何种密级有不同意见的,可以向原定密机关、单位提出异议,由原定密机关、单位作出决定。

机关、单位对原定密机关、单位未予处理或者对作出的决定仍有异议的,按照下列规定办理:

(一)确定为绝密级的事项和中央国家机关确定的机密级、秘密级的事项,报国家保密行政管理部门确定;

(二)其他机关、单位确定的机密级、秘密级的事项,报省、自治区、直辖市保密行政管理部门确定;对省、自治区、直辖市保密行政管理部门作出的决定有异议的,可以报国家保密行政管理部门确定。

在原定密机关、单位或者保密行政管理部门作出决定前,对有关事项应当按照主张密级中的最高密级采取相应的保密措施。

第三章 保密制度

第二十七条 国家秘密载体管理应当遵守下列规定:

(一)制作国家秘密载体,应当由本机关、本单位或者取得国家秘密载体制作、复制资质的单位承担,制作场所、设备应当符合国家保密规定;

(二)收发国家秘密载体,应当履行清点、编号、登记、签收手续;

(三)传递国家秘密载体,应当通过机要交通、机要通信或者其他符合国家保密规定的方式进行;

(四)阅读、使用国家秘密载体,应当在符合国家保密规定的场所进行;

(五)复制国家秘密载体或者摘录、引用、汇编属于国家秘密的内容,应当按照规定报批，不得擅自改变原件的密级、保密期限和知悉范围，复制件应当加盖复制机关、单位戳记，并视同原件进行管理；

（六）保存国家秘密载体的场所、设施、设备，应当符合国家保密规定；

（七）维修国家秘密载体，应当由本机关、本单位专门技术人员负责。确需外单位人员维修的，应当由本机关、本单位的人员现场监督。确需在本机关、本单位以外维修的，应当符合国家保密规定；

（八）携带国家秘密载体外出，应当符合国家保密规定，并采取可靠的保密措施。携带国家秘密载体出境，应当按照国家保密规定办理审批手续；

（九）清退国家秘密载体，应当按照制发机关、单位要求办理。

第二十八条 销毁国家秘密载体，应当符合国家保密规定和标准,确保销毁的国家秘密信息无法还原。

销毁国家秘密载体,应当履行清点、登记、审批手续,并送交保密行政管理部门设立的工作机构或者指定的单位销毁。机关、单位因工作需要,自行销毁少量国家秘密载体的,应当使用符合国家保密标准的销毁设备和方法。

第二十九条 绝密级国家秘密载体管理还应当遵守下列规定:

(一)收发绝密级国家秘密载体,应当指定专人负责;

(二)传递、携带绝密级国家秘密载体,应当两人以上同行,所用包装应当符合国家保密规定;

(三)阅读、使用绝密级国家秘密载体,应当在符合国家保密规定的指定场所进行;

（四）禁止复制、下载、汇编、摘抄绝密级文件信息资料，确有工作需要的，应当征得原定密机关、单位或者其上级机关同意；

（五）禁止将绝密级国家秘密载体携带出境，国家另有规定的从其规定。

第三十条 机关、单位应当依法对密品的研制、生产、试验、运输、使用、保存、维修、销毁等进行管理。

机关、单位应当及时确定密品的密级和保密期限，严格控制密品的接触范围，对放置密品的场所、部位采取安全保密防范措施。

绝密级密品的研制、生产、维修应当在符合国家保密规定的封闭场所进行，并设置专门放置、保存场所。

密品的零件、部件、组件等物品，涉及国家秘密的，按照国家保密规定管理。

第三十一条 机关、单位应当依法确定保密要害部门、部位，报同级保密行政管理部门确认，严格保密管理。

第三十二条 涉密信息系统按照涉密程度分为绝密级、机密级、秘密级。机关、单位应当根据涉密信息系统存储、处理信息的最高密级确定保护等级，按照分级保护要求采取相应的安全保密防护措施。

第三十三条 涉密信息系统应当由国家保密行政管理部门设立或者授权的机构进行检测评估，并经设区的市级以上保密行政管理部门审查合格，方可投入使用。

公安机关、国家安全机关的涉密信息系统测评审查工作按照国家保密行政管理部门会同国务院公安、国家安全部门制定的有关规定执行。

第三十四条 机关、单位应当加强信息系统、信息设备的运行维护、使用管理，指定专门机构或者人员负责运行维护、安全保密管理和安全审计，按照国家保密规定建设保密自监管设施，定期开展安全保密检查和风险评估，配合保密行政管理部门排查预警事件，及时发现并处置安全保密风险隐患。

第三十五条 机关、单位应当按照国家保密规定，对绝密级信息系统每年至少开展一次安全保密风险评估，对机密级及以下信息系统每两年至少开展一次安全保密风险评估。机关、单位涉密信息系统的密级、使用范围和使用环境等发生变化可能产生新的安全保密风险隐患的，应当按照国家保密规定和标准采取相应防护措施，并开展安全保密风险评估。

涉密信息系统中使用的信息设备应当安全可靠，以无线方式接入涉密信息系统的，应当符合国家保密和密码管理规定、标准。

涉密信息系统不再使用的，应当按照国家保密规定和标准对相关保密设施、设备进行处理，并及时向相关保密行政管理部门备案。

第三十六条 研制、生产、采购、配备用于保护国家秘密的安全保密产品和保密技术装备应当符合国家保密规定和标准。

国家鼓励研制生产单位根据保密工作需要，采用新技术、新方法、新工艺等创新安全保密产品和保密技术装备。

第三十七条 研制生产单位应当为用于保护国家秘密的安全保密产品和保密技术装备持续提供维修维护服务，建立漏洞、缺陷发现和处理机制，不得在安全保密产品和保密技术装备中设置恶意程序。

研制生产单位可以向国家保密行政管理部门设立或者授权的机构申请对安全保密产品和保密技术装备进行检测，检测合格的，上述机构颁发合格证书。研制生产单位生产的安全保密产品和保密技术装备应当与送检样品一致。

第三十八条　国家保密行政管理部门组织其设立或者授权的机构开展用于保护国家秘密的安全保密产品和保密技术装备抽检、复检，发现不符合国家保密规定和标准的，应当责令整改；存在重大缺陷或者重大泄密隐患的，应当责令采取停止销售、召回产品等补救措施，相关单位应当配合。

第三十九条　网络运营者应当遵守保密法律法规和国家有关规定，建立保密违法行为投诉、举报、发现、处置制度，完善受理和处理工作机制，制定泄密应急预案。发生泄密事件时，网络运营者应当立即启动应急预案，采取补救措施，并向保密行政管理部门或者公安机关、国家安全机关报告。

第四十条　网络运营者对保密行政管理部门依法实施的保密违法案件调查和预警事件排查，应当予以配合。

省级以上保密行政管理部门在履行保密监督管理职责中，发现网络存在较大泄密隐患或者发生泄密事件的，可以按照规定权限和程序对该网络运营者的法定代表人或者主要负责人进行约谈，督促其及时整改，消除隐患。

第四十一条　机关、单位应当加强对互联网使用的保密管理。机关、单位工作人员使用智能终端产品等应当符合国家保密规定，不得违反有关规定使用非涉密信息系统、信息设备存储、处理、传输国家秘密。

第四十二条 机关、单位应当健全信息公开保密审查工作机制，明确审查机构，规范审查程序，按照先审查、后公开的原则，对拟公开的信息逐项进行保密审查。

第四十三条 机关、单位应当承担涉密数据安全保护责任，涉密数据收集、存储、使用、加工、传输、提供等处理活动应当符合国家保密规定。

省级以上保密行政管理部门应当会同有关部门建立动态监测、综合评估等安全保密防控机制，指导机关、单位落实安全保密防控措施，防范数据汇聚、关联引发的泄密风险。

机关、单位应当对汇聚、关联后属于国家秘密事项的数据依法加强安全管理，落实安全保密防控措施。

第四十四条 机关、单位向境外或者向境外在中国境内设立的组织、机构提供国家秘密，任用、聘用的境外人员因工作需要知悉国家秘密的，应当按照国家保密规定办理，进行审查评估，签订保密协议，督促落实保密管理要求。

第四十五条 举办会议或者其他活动涉及国家秘密的，主办单位应当采取下列保密措施，承办、参加单位和人员应当配合：

（一）根据会议、活动的内容确定密级，制定保密方案，限定参加人员和工作人员范围；

（二）使用符合国家保密规定和标准的场所、设施、设备，采取必要保密技术防护等措施；

（三）按照国家保密规定管理国家秘密载体；

（四）对参加人员和工作人员进行身份核实和保密教育，提出具体保密要求；

（五）保密法律法规和国家保密规定要求的其他措施。

通过电视、电话、网络等方式举办会议或者其他活动涉及国家秘密的，还应当符合国家有关保密标准。

第四十六条 保密行政管理部门及其他主管部门应当加强对涉密军事设施及其他重要涉密单位周边区域保密管理工作的指导和监督，建立协调机制，加强军地协作，组织督促整改，有关机关、单位应当配合，及时发现并消除安全保密风险隐患。

第四十七条 从事涉及国家秘密业务（以下简称涉密业务）的企业事业单位应当符合下列条件：

（一）在中华人民共和国境内依法成

立1年以上的法人,国家另有规定的从其规定;

(二)无犯罪记录,近1年内未发生泄密案件;

(三)从事涉密业务的人员具有中华人民共和国国籍,国家另有规定的从其规定;

(四)保密制度完善,有专门的机构或者人员负责保密工作;

(五)用于涉密业务的场所、设施、设备符合国家保密规定和标准;

(六)具有从事涉密业务的专业能力;

(七)保密法律法规和国家保密规定要求的其他条件。

第四十八条 从事国家秘密载体制作、复制、维修、销毁,涉密信息系统集成,武器装备科研生产,或者涉密军事设施建设等涉密业务的企业事业单位,应当由保密行政管理部门单独或者会同有关部门进行保密审查，取得保密资质。

取得保密资质的企业事业单位，不得有下列行为：

（一）超出保密资质业务种类范围承担其他需要取得保密资质的业务；

（二）变造、出卖、出租、出借保密资质证书；

（三）将涉密业务转包给其他单位或者分包给无相应保密资质的单位；

（四）其他违反保密法律法规和国家保密规定的行为。

取得保密资质的企业事业单位实行年度自检制度，应当每年向作出准予行政许可决定的保密行政管理部门报送上一年度自检报告。

第四十九条 机关、单位采购涉及国家秘密的工程、货物、服务，或者委托企业事业单位从事涉密业务,应当根据国家保密规定确定密级,并符合国家保密规定和标准。机关、单位应当与有关单位、个人签订保密协议,提出保密要求,采取保密措施,实施全过程管理。

机关、单位采购或者委托企业事业单位从事本条例第四十八条第一款规定的涉密业务的,应当核验承担单位的保密资质。采购或者委托企业事业单位从事其他涉密业务的,应当核查参与单位的业务能力和保密管理能力。

政府采购监督管理部门、保密行政管理部门应当依法加强对涉及国家秘密的工程、货物、服务采购或者其他委托开展涉密业务的监督管理。

第五十条 机关、单位应当依法确定涉密岗位,对拟任用、聘用到涉密岗位工作的人员进行上岗前保密审查,确认其是否具备在涉密岗位工作的条件和能力。未通过保密审查的，不得任用、聘用到涉密岗位工作。

机关、单位组织人事部门负责组织实施保密审查时，拟任用、聘用到涉密岗位工作的人员应当如实提供有关情况；需要其原工作、学习单位以及居住地有关部门和人员配合的，相关单位、部门和人员应当配合。必要时，公安机关、国家安全机关依申请协助审查。

机关、单位组织人事部门应当定期组织复审，确保涉密人员符合涉密岗位工作要求。

第五十一条 涉密人员应当遵守保密法律法规和本机关、本单位保密制度，严格遵守保密纪律、履行保密承诺，接受保密管理，不得以任何方式泄露国家秘密。

第五十二条 机关、单位组织人事部

门会同保密工作机构负责涉密人员保密管理工作。机关、单位保密工作机构应当对涉密人员履行保密责任情况开展经常性的监督检查，会同组织人事部门加强保密教育培训。

涉密人员出境，由机关、单位组织人事部门和保密工作机构提出意见，按照人事、外事审批权限审批。涉密人员出境应当经过保密教育培训，及时报告在境外相关情况。

第五十三条 涉密人员离岗离职应当遵守有关法律法规规定；离岗离职前，应当接受保密提醒谈话，签订离岗离职保密承诺书。机关、单位应当开展保密教育提醒，清退国家秘密载体、涉密设备，取消涉密信息系统访问权限，确定脱密期期限。涉密人员在脱密期内就业、出境应当遵守国家保密规定。涉密人员不得利用知悉的国家秘密为有关组织、个人提供服务或者谋取利益。

第五十四条 涉密人员擅自离职或者脱密期内严重违反国家保密规定的,机关、单位应当及时报告同级保密行政管理部门,由保密行政管理部门会同有关部门依法采取处置措施。

第五十五条 机关、单位应当建立健全涉密人员权益保障制度,按照国家有关规定给予因履行保密义务导致合法权益受到影响和限制的人员相应待遇或者补偿。

第四章 监督管理

第五十六条 机关、单位应当向同级保密行政管理部门报送本机关、本单位年度保密工作情况。下级保密行政管理部门应当向上级保密行政管理部门报送本行政区域年度保密工作情况。

第五十七条 国家建立和完善保密标准体系。国家保密行政管理部门依照法律、行政法规的规定制定国家保密标准；相关学会、协会等社会团体可以制定团体标准；相关企业可以制定企业标准。

第五十八条 机关、单位应当对遵守保密法律法规和相关制度情况开展自查自评。保密行政管理部门依法对下列情况进行检查：

（一）保密工作责任制落实情况；

（二）保密制度建设情况；

（三）保密宣传教育培训情况；

（四）涉密人员保密管理情况；

（五）国家秘密确定、变更、解除情况；

（六）国家秘密载体管理情况；

（七）信息系统和信息设备保密管理

情况；

（八）互联网使用保密管理情况；

（九）涉密场所及保密要害部门、部位管理情况；

（十）采购涉及国家秘密的工程、货物、服务，或者委托企业事业单位从事涉密业务管理情况；

（十一）涉及国家秘密会议、活动管理情况；

（十二）信息公开保密审查情况；

（十三）其他遵守保密法律法规和相关制度的情况。

第五十九条 保密行政管理部门依法开展保密检查和案件调查处理，查阅有关材料、询问人员、记录情况，对有关设施、设备、文件资料等登记保存，进行保密技术检测，应当遵守国家有关规定和程序。

有关机关、单位和个人应当配合保密行政管理部门依法履行职责，如实反映情况，提供必要资料，不得弄虚作假，隐匿、销毁证据，或者以其他方式逃避、妨碍保密监督管理。

保密行政管理部门实施保密检查后，应当出具检查意见，对需要整改的，应当明确整改内容和期限，并在一定范围内通报检查结果。

第六十条 保密行政管理部门对涉嫌保密违法的线索和案件，应当依法及时调查处理或者组织、督促有关机关、单位调查处理；发现需要采取补救措施的，应当立即责令有关机关、单位和人员停止违法行为，采取有效补救措施。调查工作结束后，有违反保密法律法规的事实，需要追究责任的，保密行政管理部门应当依法作出行政处罚决定或者提出处理建议；涉嫌犯罪的,应当依法移送监察机关、司法机关处理。有关机关、单位应当及时将处理结果书面告知同级保密行政管理部门。

第六十一条 机关、单位发现国家秘密已经泄露或者可能泄露的,应当立即采取补救措施,并在 24 小时内向同级保密行政管理部门和上级主管部门报告。

地方各级保密行政管理部门接到泄密报告的,应当在 24 小时内逐级报至国家保密行政管理部门。

保密行政管理部门依法受理公民对涉嫌保密违法线索的举报,并保护举报人的合法权益。

第六十二条 保密行政管理部门收缴非法获取、持有的国家秘密载体,应当进行登记并出具清单,查清密级、数量、来源、扩散范围等,并采取相应的保密措施。

保密行政管理部门可以提请公安、市场监督管理等有关部门协助收缴非法获取、持有的国家秘密载体，有关部门应当予以配合。

第六十三条 办理涉嫌泄密案件的地方各级监察机关、司法机关申请国家秘密和情报鉴定的，向所在省、自治区、直辖市保密行政管理部门提出；办理涉嫌泄密案件的中央一级监察机关、司法机关申请国家秘密和情报鉴定的，向国家保密行政管理部门提出。

国家秘密和情报鉴定应当根据保密法律法规和保密事项范围等进行。保密行政管理部门受理鉴定申请后，应当自受理之日起30日内出具鉴定结论；不能按期出具的，经保密行政管理部门负责人批准，可以延长30日。专家咨询等时间不计入鉴定办理期限。

第六十四条 设区的市级以上保密行政管理部门应当建立监测预警制度,分析研判保密工作有关情况,配备监测预警设施和相应工作力量,发现、识别、处置安全保密风险隐患,及时发出预警通报。

第六十五条 保密行政管理部门和其他相关部门应当在保密工作中加强协调配合,及时通报情况。

第六十六条 保密行政管理部门及其工作人员应当按照法定的职权和程序开展工作,做到严格规范公正文明执法,依法接受监督。

第五章 法律责任

第六十七条 机关、单位违反保密法律法规发生泄密案件,有下列情形之一的,根据情节轻重,对直接负责的主管人员和其他直接责任人员依法给予处分；构成犯罪的，依法追究刑事责任：

（一）未落实保密工作责任制的；

（二）未依法确定、变更或者解除国家秘密的；

（三）未按照要求对涉密场所以及保密要害部门、部位进行防护或者管理的；

（四）涉密信息系统未按照规定进行测评审查而投入使用，经责令整改仍不改正的；

（五）未经保密审查或者保密审查不严，公开国家秘密的；

（六）委托不具备从事涉密业务条件的单位从事涉密业务的；

（七）违反涉密人员保密管理规定的；

（八）发生泄密案件未按照规定报告或者未及时采取补救措施的；

（九）未依法履行涉密数据安全管理责任的；

（十）其他违反保密法律法规的情形。

有前款情形尚不构成犯罪，且不适用处分的人员，由保密行政管理部门督促其主管部门予以处理。

第六十八条 在保密检查或者保密违法案件调查处理中，有关机关、单位及其工作人员拒不配合，弄虚作假，隐匿、销毁证据，或者以其他方式逃避、妨碍保密检查或者保密违法案件调查处理的，对直接负责的主管人员和其他直接责任人员依法给予处分；不适用处分的人员，由保密行政管理部门督促其主管部门予以处理。

企业事业单位及其工作人员协助机关、单位逃避、妨碍保密检查或者保密违法案件调查处理的，由有关主管部门依法予以处罚。

第六十九条 网络运营者违反保密法律法规,有下列情形之一的,由保密行政管理等部门按照各自职责分工责令限期整改,给予警告或者通报批评;情节严重的,处5万元以上50万元以下罚款,对直接负责的主管人员和其他直接责任人员处1万元以上10万元以下罚款:

(一)发生泄密事件,未依法采取补救措施的;

(二)未依法配合保密行政管理部门实施保密违法案件调查、预警事件排查的。

第七十条 用于保护国家秘密的安全保密产品和保密技术装备不符合国家保密规定和标准,有下列情形之一的,由保密行政管理等部门对研制生产单位给予警告或者通报批评,责令有关检测机构取消合格证书；有违法所得的，没收违法所得：

（一）研制生产单位拒不整改或者整改后仍不符合国家保密规定和标准的；

（二）安全保密产品和保密技术装备存在重大缺陷或者重大泄密隐患的；

（三）造成国家秘密泄露的；

（四）其他严重危害国家秘密安全的。

第七十一条 从事涉密业务的企业事业单位违反保密法律法规及国家保密规定的，由保密行政管理部门责令限期整改，给予警告或者通报批评；有违法所得的，没收违法所得。

取得保密资质的企业事业单位，有下列情形之一的，并处暂停涉密业务、降低资质等级：

（一）超出保密资质业务种类范围承担其他需要取得保密资质业务的；

（二）未按照保密行政管理部门要求时限完成整改或者整改后仍不符合保密法律法规及国家保密规定的；

（三）其他违反保密法律法规及国家保密规定，存在重大泄密隐患的。

取得保密资质的企业事业单位，有下列情形之一的，并处吊销保密资质：

（一）变造、出卖、出租、出借保密资质证书的；

（二）将涉密业务转包给其他单位或者分包给无相应保密资质单位的；

（三）发现国家秘密已经泄露或者可能泄露，未立即采取补救措施或者未按照规定时限报告的；

（四）拒绝、逃避、妨碍保密检查的；

（五）暂停涉密业务期间承接新的涉密业务的；

（六）暂停涉密业务期满仍不符合保密法律法规及国家保密规定的；

（七）发生重大泄密案件的；

（八）其他严重违反保密法律法规及国家保密规定行为的。

第七十二条 保密行政管理部门未依法履行职责，或者滥用职权、玩忽职守、徇私舞弊的，对直接负责的主管人员和其他直接责任人员依法给予处分；构成犯罪的，依法追究刑事责任。

第六章 附　　则

第七十三条 中央国家机关应当结合工作实际制定本行业、本领域工作秘密事项具体范围，报国家保密行政管理部门备案。

机关、单位应当加强本机关、本单位

工作秘密管理，采取技术防护、自监管等保护措施。违反有关规定造成工作秘密泄露，情节严重的，对直接负责的主管人员和其他直接责任人员依法给予处分。

第七十四条 本条例自2024年9月1日起施行。

图书在版编目（CIP）数据

保密法律法规知识学习手册：含保守国家秘密法及实施条例/中国法制出版社编. -- 北京：中国法制出版社，2024.8. ISBN 978-7-5216-4642-9

Ⅰ．D922.14-49

中国国家版本馆 CIP 数据核字第 2024QN4150 号

责任编辑：李宏伟　　　　　　　　　封面设计：杨鑫宇

保密法律法规知识学习手册：含保守国家秘密法及实施条例
BAOMI FALÜ FAGUI ZHISHI XUEXI SHOUCE：HAN BAOSHOU GUOJIA MIMIFA JI SHISHI TIAOLI

经销/新华书店
印刷/鸿博睿特（天津）印刷科技有限公司
开本/880 毫米×1230 毫米　64 开　　　印张/ 3.25　字数/ 58 千
版次/2024 年 8 月第 1 版　　　　　　　2024 年 8 月第 1 次印刷

中国法制出版社出版
书号 ISBN 978-7-5216-4642-9　　　　　　　　　　定价：15.00 元

北京市西城区西便门西里甲 16 号西便门办公区
邮政编码：100053　　　　　　　　　　传真：010-63141600
网址：http：//www.zgfzs.com　编辑部电话：010-63141804
市场营销部电话：010-63141612　印务部电话：010-63141606

（如有印装质量问题，请与本社印务部联系。）